資源論入門
―― 地球環境の未来を考える ――

理学博士 佐々木信行 著

コロナ社

はじめに

　二十世紀もついに幕を閉じ，私たちはいま，文字どおり新世紀を迎えています。二十一世紀はどのような時代になるのでしょうか。

　すでに過去のものとなりましたが，二十世紀は，米国にはじまる大量生産，大量消費の時代であり，華々しい科学技術文明開花の時代でした。そのすばらしい科学技術の成果により，私たち人類はかつての時代からは想像すらできないような便利で豊かな生活を享受できるようになり，長寿社会が実現しました。

　しかし，その一方で，二十世紀は私たちにこれまで予想することのなかった新たな問題を投げかけました。資源・エネルギーの枯渇，また，酸性雨，森林破壊，地球温暖化，オゾン層破壊など地球規模での環境問題，そして，世界的な人口増加や食糧問題，廃棄物処分やダイオキシン，環境ホルモンなどさまざまな問題です。

　また，二十世紀は世界戦争の時代でもありました。戦争は多くの人々の命を奪い，夥しい物質消費，環境破壊をもたらし，いつの時代も民衆に塗炭の苦しみを強いるものですが，華々しい科学技術文明の陰に，かつてない多くの市民の命や生活が戦争のために犠牲になったことを私たちは二十世紀の記録として忘れてはならないでしょう。

　大量生産，大量消費，大量廃棄，そして大量殺戮の二十世紀はひとまず終わりました。二十一世紀は新たな世紀であると同時に，新たな千年期（第三ミレニアム）のはじまりでもあります。

　世界はすでに，東西の冷戦構造の終焉，経済システムの混迷，民族紛争の激化など大きく揺れ動いています。また，わが国をはじめ先進諸国の教育の荒廃も深刻さを増しており，教育のあり方そのものが再び問いなおされようとして

います。

　二十一世紀はどのような世界になるのでしょうか。さまざまの憶測はありますが，まだまだ不透明な状態といえるでしょう。私たちは自分たちの築いた文明の現状と未来，そして光と陰について一度じっくりと考えてみる必要があるのではないでしょうか。

　本書はこのような問題意識のもとに，筆者が香川大学の教養教育の主題科目として，現代の資源エネルギー問題や環境問題について講義したものをまとめたものです。もとより，筆者はこの分野の専門家というわけではなく，本書の内容には多分に筆者の独断や偏見，誤解や誤謬があるかもしれません。

　本書はあくまでも現代文明に生きる一人の消費者としての筆者が，現在の資源・エネルギー問題や環境問題，そして，これからの文明の行く末に不安をいだき，これらの問題について資料を収集し，自問自答したものと思っていただいたほうがいいかもしれません。それゆえ，内容・表現上の稚拙な点はどうかご容赦いただきたいと思います。

　現在の私たちの文明を動かしているのは膨大な量の資源でありエネルギーです。私たちが食物を摂取しなければ生きていくことができないように，私たちの文明も資源・エネルギーなくしては機能しません。この資源・エネルギーをできるだけ長く有効に使い，経済を円滑に発展させ，かつ地球環境を護るためにはどうすればいいのでしょうか。このことを読者の皆さんといっしょに考えることができれば幸いです。

　本書の執筆に当たり，慶応義塾大学理工学部の鹿園直建教授には貴重な御助言と励ましをいただきました。ここに心より厚く御礼申し上げます。

　また，本書に掲載した写真の選定に当たっては，筆者の学生時代からの畏友である古宇田亮一氏（産業技術総合研究所）に協力頂きました。写真を提供して下さった方々および古宇田氏にあらためて甚々の謝意を表します。

　2001年1月

佐々木　信行

目　　次

1. 資源とはなにか

1.1　地球の構造と物質 …………………………………………………… 2
1.2　資　源　の　分　類 …………………………………………………… 8
1.3　資　源　の　条　件 …………………………………………………… 10

2. エネルギーとエントロピー

2.1　閉じた系と開いた系 …………………………………………………… 14
2.2　化学変化と熱力学の法則 ……………………………………………… 17
　2.2.1　熱力学第一法則 …………………………………………………… 17
　2.2.2　熱力学第二法則 …………………………………………………… 19
2.3　資源とエントロピー …………………………………………………… 29

3. 鉱　物　資　源

3.1　金属鉱物資源 …………………………………………………………… 37
　3.1.1　鉄　鉱　石 ………………………………………………………… 38
　3.1.2　非鉄金属資源 ……………………………………………………… 40
3.2　非金属鉱物資源 ………………………………………………………… 48

4. エネルギー資源

4.1 化石燃料とバイオマス ……………………………………… 57
4.2 自然エネルギー ………………………………………………… 64
4.3 核燃料と原子力 ………………………………………………… 70

5. 資源・エネルギーの消費と廃棄物

5.1 資源・エネルギー消費の変遷 ……………………………… 74
5.2 現在の資源・エネルギー消費 ……………………………… 77
   5.2.1 金属資源消費 …………………………………………… 77
   5.2.2 エネルギー資源消費 …………………………………… 80
5.3 増え続ける廃棄物 …………………………………………… 85

6. 資源の枯渇と環境問題

6.1 資源の有限性と枯渇 ………………………………………… 91
6.2 資源消費と地球環境問題 …………………………………… 93
   6.2.1 二酸化炭素と地球温暖化問題 ………………………… 95
   6.2.2 オゾン層破壊と環境ホルモン ………………………… 100

7. 省資源とリサイクル

7.1 省エネルギー ………………………………………………… 108
7.2 省資源とリサイクル ………………………………………… 114
7.3 資源の循環 …………………………………………………… 120

8. 未来の資源・エネルギー

8.1 不思議な資源 ………………………………………………… *128*
8.2 地球にやさしい資源 …………………………………………… *133*
8.3 21世紀の生活スタイル―物質文明を超えて― ……………… *139*

付　　　録

A1 石油の成因 …………………………………………………… *151*
A2 自由エネルギーと親和力 …………………………………… *152*
A3 光合成と負エントロピー …………………………………… *153*
A4 熱力学第四法則 ……………………………………………… *155*
A5 豊島の産業廃棄物不法投棄問題 …………………………… *156*
A6 サンシャイン計画とムーンライト計画 …………………… *157*
A7 資源・環境問題と宇宙 ……………………………………… *158*

引用・参考文献 …………………………………………………… *159*
索　　　引 ………………………………………………………… *161*

1. 資源とはなにか

　現在，私たちの身の回りにはテレビや洗濯機，冷蔵庫，ビデオ，パソコン，オーディオ機器，携帯電話，エアコン，電子レンジ，ハンバーガー，カップヌードル，コーラなどさまざまの物質が満ち溢れています。このような物質のおかげで私たちは便利で快適な生活を送ることができます。

　現在の文明を物質文明と呼ぶことがありますが，物質文明の主役は文字どおり物質です。そして，このような現代の文明を彩る物質の原料となるのが鉱物資源や石油資源などさまざまの種類の資源です。

　このような現代文明のもとになる資源がもし明日にでもなくなれば，現代の文明は，そして私たちの生活はどうなるでしょうか。いうまでもなく，たちどころに成り立たなくなる，といって過言ではないでしょう。

　自動車，航空機，船舶，電車，バイク，そして，各種の電気製品や合成化学製品，化学薬品，化学肥料等々，このような物質のない世界を生きることは現代人にとってはもや不可能に近いことかもしれません。

　人類の文明が創り出したこのような物質を私たちは人工物質と呼びます。考えてみれば現代の科学技術文明は，このような人工物質によりもたらされたものであるともいえるでしょう。しかし，人工物質といってもそのもとをたどれば，天然（地球上）にもともと存在していた物質なのです。

　例えば，自動車を例にとれば，車体のスチールやプラスチックは鉄鉱石や石油からつくられます。また，窓ガラスやミラーガラスはケイ石から，バッテリーの鉛や硫酸は鉛鉱石や石油からつくられる，という具合です。

　この世に存在する物質の種類は数十万とも数百万ともいわれていますが，その物質を構成するのはわずか100種類余りの元素であることが知られています。私たちが日常利用している物質も，この限られた種類の元素の組合せで成り立っており，人工物質や天然物質といっても，そういう意味では，本質的な違いはないともいえるのです。

　それでは，このような物質や元素は，もともと地球上にどのように存在し，分布していたのでしょうか。そして，どのように取り出され，利用されてきたのでしょうか。

1.1 地球の構造と物質

　私たちの住む地球を構成するのも物質です。物質には固体，液体，気体の三つの状態があることはよく知られています（物質の三態）が，私たちの生活空間である地球も，その構成物質の状態により，大きく三つに区分することができます。岩石圏 (lithosphere)，水圏 (hydrosphere)，気圏 (atmosphere) の三つです。そして，これらの3圏にまたがるものとして，生物の生命活動の場としての生物圏(biosphere) があります。

　岩石圏とは地球の表層部の地殻（earth crust）と，その下に広がるマントル（mantle）の上部（上部マントル）をさし，物質的には各種のケイ酸塩 (silicate) や酸化物 (oxide)，硫化物 (sulfide) などの固体物質から構成されています。このような岩石圏の基本となる固体物質を鉱物（mineral）といいます。その集合体が各種の岩石です。

　水圏は文字どおり液体の水およびそれに溶存する物質群の存在する空間であり，海洋をはじめ，内陸部の河川，湖沼，それに山間部の氷雪や南極や北極に広がる極地氷などもこれに含まれます。

　気圏は気体である大気の存在する空間であり，大気圏とも呼ばれます。気圏は対流圏，成層圏，中間圏，熱圏などからなり，大気を構成する物質は窒素，酸素，アルゴンや二酸化炭素，水蒸気などの気体です。

　これら岩石圏，水圏，気圏の3圏の間で大気や水の流動・循環にともなう気象現象があり，浸食，溶解，沈殿，堆積など物質の変化や移動現象が生起しています。また，地球の内部でもマントル対流のように大規模な物質移動のあることが知られています。

　このような自然環境の中で，水圏，気圏，岩石圏と深いかかわりをもちながら，太古の原初的微生物から発展・進化をとげたのが，私たち人類をはじめとする各種の生物であり，その生物が形成するのが生物圏ということになります。

それでは，まず，岩石圏を含む地球の内部構造を考えてみましょう。地球内部の物質分布は，比重の大きなものから順に，大きく三つの層に分けることができます（**図1.1**）。

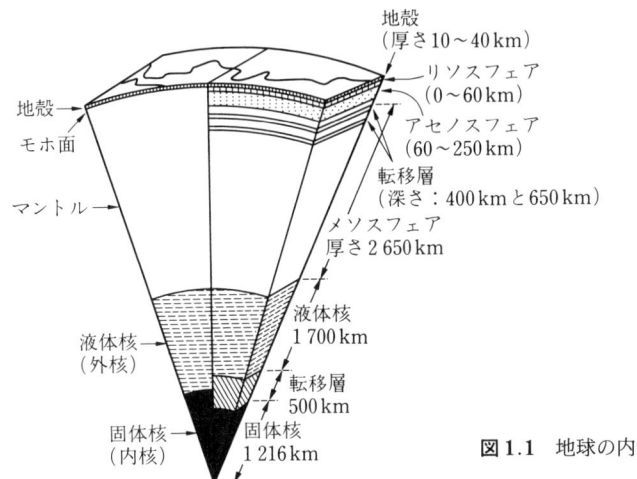

図1.1 地球の内部構造

最も内側に存在している重い部分（比重11～13）は鉄を主成分としたニッケルなどの金属合金でできており，地球の中心からおよそ3500 kmまでの部分を占め，核（core）と呼ばれています。核は内核と外核に分けられ，内側の内核は固体，外側の外核は液体で，内核は外核より密度が大きくなっています。

外殻の外側に位置するのが固体のマントル層です。このマントル層は比重が3.3～5.5，厚さはおよそ2900 kmで，高圧型の下部マントルと低圧型の上部マントルに分けられ，両者は密度も異なります。マントル層は固体ですが，ゆっくりと流動していることが知られています。かつて，この部分には硫化鉱物や酸化鉱物が多量に存在すると考えられていたこともありますが，現在ではマントルはかんらん石や輝石などケイ酸塩鉱物の多い超塩基性岩という岩石からできていることがわかっています。

その上にくるのが地殻です。地殻の厚みは，大陸地域で30～40 km，海洋地域でおよそ10 km程度で，核やマントルに比べるとたいへん薄く，構成物質

としては長石や石英などケイ酸分の多いカコウ岩が大陸地域に，ケイ酸分の少ない玄武岩が海洋地域を中心に分布しています。地殻は平均比重がおよそ2.8と軽いため，マントルの上に薄く浮かんでいる状態になっています。

なお，最近ではこのような地殻とマントル上部の間や内核と外核の間に中間層としての転移層があり，独自の名称が用いられています。このような新しい地球の構造を図1.1の右側の部分に示しました。

元素は，このような地球内部や水圏，気圏，そして生物圏の，多様な物質種を構成するものとして分布しています。ところが，調べてみると，100種ほどある元素の地球上での分布の仕方や存在量は，どの元素でも同じではなく，元素により大きく異なっていることがわかるのです。

この地球上（あるいは宇宙）の元素の存在割合を示すものが元素の存在度（abundance of element）という概念であり，物質種による元素の存在の偏りを示すものが元素の分配（partition of element）という概念です。

元素の存在度という概念はアメリカの地球化学者クラーク（F. W. Clarke）により最初に提唱され，地殻を構成する岩石の詳細な化学分析，そして大気や

表1.1 クラーク数*

	元　素	クラーク数〔％〕
1	酸素(O)	49.5
2	ケイ素(Si)	25.8
3	アルミニウム(Al)	7.56
4	鉄(Fe)	4.70
5	カルシウム(Ca)	3.39
6	ナトリウム(Na)	2.63
7	カリウム(K)	2.40
8	マグネシウム(Mg)	1.93
9	水素(H)	0.87
10	チタン(Ti)	0.46
11	塩素(Cl)	0.19
12	マンガン(Mn)	0.09
13	リン(P)	0.08
14	炭素(C)	0.08
15	硫黄(S)	0.06

＊ 地表から16kmまでの地殻中に含まれる元素の存在量（重量百分率）を算出した。

1.1 地球の構造と物質

海洋などの化学分析の結果をもとに,各元素の海水面下 16 km 以上の岩石圏(地殻)および,水圏,気圏,生物圏の平均元素組成が明らかにされました*。彼の名にちなみ,この地球上の元素の存在割合を示す数値はクラーク数と呼ばれます。表 1.1 にクラーク数を上位 15 元素まで示しました。

なお,現在ではクラーク数よりも地殻中のみの元素の存在度を示したもののほうがよく用いられ,表 1.2 にはその地殻中の元素の存在度を示しました。これより地殻中の元素の大部分は特定の存在度の高い元素 (O, Si, Al, Fe, Ca,

表 1.2 地殻における元素の存在度 (%表示したもの以外は ppm)

元素	重量割合	元素	重量割合	元素	重量割合	元素	重量割合
H	1 400	Fe	5.0 %	In	0.1	W	1.5
He	0.003	Co	25	Sn	2	Re	0.001
		Ni	75	Sb	0.2		
Li	20			Te	0.01	Os	0.001
Be	2.8	Cu	55	I	0.5	Ir	0.001
B	10	Zn	70	Xe	存在	Pt	0.001
C	200	Ga	15				
N	20	Ge	1.5	Cs	3	Au	0.004
O	46.6 %	As	1.8	Ba	425	Hg	0.08
F	625	Se	0.05	La	30	Tl	0.5
Ne	0.000 07	Br	2.5	Ce	60	Pb	13
Na	2.83 %	Kr	存在	Pr	8.2	Bi	0.2
Mg	2.09 %			Nd	28	Po	3×10^{-10}
Al	8.13 %	Rb	90	Pm	—	At	存在
Si	27.72 %	Sr	375	Sm	6.0	Rn	存在
P	1 050	Y	33	Eu	1.2	Fr	存在
S	260	Zr	165	Gd	5.4	Ra	1.3×10^{-6}
Cl	130	Nb	20	Tb	0.9		
Ar	0.04	Mo	1.5	Dy	3.0	Ac	3×10^{-10}
		Tc	—	Ho	1.2	Th	7.2
K	2.59 %			Er	2.8	Pa	8×10^{-7}
Ca	3.63 %	Ru	0.01	Tm	0.5	U	1.8
Sc	22	Rh	0.005	Yb	3.0	Np	存在
Ti	4 400	Pd	0.01	Lu	0.5	Pu	存在
V	135					Am	多分存在
Cr	100	Ag	0.07	Hf	3	Cm	多分存在
Mn	950	Cd	0.2	Ta	2		以下略

---

* 計算に用いた岩石圏,水圏,気圏の量は重量百分率でそれぞれ 93.06 %,6.91 %,0.03 % である。

Na, K, Mg) で占められており，上位8元素でおよそ99％を占めていることがわかります。それに対し，ほかの元素は全部合わせても1％程度の存在割合で，存在度が小さく，ppmという百万分率の濃度単位の値で示されています。

地殻を構成する岩石としては火成岩，堆積岩，変成岩等があります。そのうち最も多量に存在するのが火成岩であり，地殻のおよそ95％を占めており，堆積岩や変成岩は残り5％程度に過ぎません。私たちは，このような地殻からさまざまの鉱物資源を採取し，有用物質や元素を取り出し，利用しているのです。

このような有用物質や有用元素を取り出す目的をもって採取する岩石や鉱物を鉱石（ore）と呼びます。また，鉱石が多く含まれている場所を鉱床（ore deposit）と呼んでいます。

地球の表層部の元素組成を示すものが元素の存在度ですが，地球の内部構造も含めた詳細な情報をもとに，地球全体の元素組成も求められています。その結果を**表 1.3**に示します。ここでは核やマントルの組成が入っているため，地

表 1.3 地球の元素組成〔重量％〕(Mason, 1966: Mason and Moore, 1982：森本，1989)

元素	原子番号	Masonの推定値	Washingtonの推定値	Niggliの推定値	Ganapathyらの推定値	Ringwoodの推定値
Fe	26	34.63	39.76	36.9	35.98	31.90
O	8	29.53	27.71	29.3	28.65	29.95
Si	14	15.20	14.53	14.9	14.76	17.29
Mg	12	12.70	8.69	6.73	13.56	
Ni	28	2.39	3.16	2.94	2.02	1.73
S	16	1.93	0.64	0.73	1.66	
Ca	20	1.13	2.52	2.99	1.67	1.80
Al	13	1.09	1.79	3.01	1.32	1.40
Na	11	0.57	0.39	0.90	0.143	0.90
Cr	24	0.26	0.20	0.13	0.472	
Co	27	0.13	0.23	0.18	0.093	
P	15	0.10	0.11	0.15	0.213	
K	19	0.07	0.14	0.29	0.017	
Ti	22	0.05	0.02	0.54	0.077	
Mn	25	0.22	0.07	0.14	0.053	

殻中の元素の存在度に比べ，鉄やマグネシウム，ニッケル，クロムなどの金属やイオウの存在度が高く，上位にきているのがわかります。

　また，元素の存在度の範囲を地球から宇宙に拡大し，宇宙全体の元素の存在度を見積もったものもあります。これは隕石の化学組成や恒星のスペクトルから太陽系や宇宙の元素の存在度を算定したもので，宇宙の元素存在度とも呼ばれます。表1.4にその宇宙の元素存在度を示しました。

表1.4　宇宙の元素存在度*

	元　素	原子量	個数比率
1	H	1.0	2 720 000
2	He	4.0	218 000
3	O	16.0	2 010
4	C	12.0	1 210
5	Ne	20.2	376
6	N	14.0	248
7	Mg	24.3	108
8	Si	28.1	100
9	Fe	55.9	90
10	S	32.1	52
11	Ar	40.0	10
12	Al	27.0	8.5
13	Ca	40.1	6.1
14	Na	23.0	5.7
15	Ni	58.7	4.9
16	Cr	52.0	1.3
17	P	31.0	1.0

* Siの量を100としてAnders and Ebihara (1983) の値をもとに各元素の存在量を示した。

　これをみると，宇宙全体では水素やヘリウムのような軽くて原子番号の小さい元素が最も多く，原子番号が大きくなるとその存在度が急激に小さくなることがわかります。また，鉄，ニッケルなどの存在度が地球の場合と同様に高く，炭素などは地球よりもはるかに多く存在していることがわかります。

　このような宇宙の元素存在度は，宇宙における核反応による元素の合成反応を考えることによってうまく説明することができます。

1.2 資源の分類

ここで資源（resource）という言葉について考えてみましょう。現代社会ではよく資源という言葉が使われますが、そもそも一体資源とは何でしょうか。

広辞苑によれば、資源とは「生産活動のもとになる物質・水力・労働力などの総称」とあります。すなわち、物質、エネルギー、情報など、私たちが生産活動に利用できるものは、なんであれすべてが資源ということになります。したがって、資源とは現在の文明にとって、そして私たちの毎日の生活にとって必要不可欠な要素ともいえるでしょう。

しかし、一口に資源といっても実際面でのその言葉の意味するところや用いられ方にはさまざまの場合があり、必ずしも明瞭なものではありません。

私たちが資源という場合、ふつう天然資源（natural resource）をさすことが多いようです。自然界に存在する金属鉱物資源（metallic mineral resource）や石油や石炭などの化石燃料資源（fossil fuel resource）はその代表であり、いわゆる地下資源（underground resource）と呼ばれます。このほか水や森林なども重要な天然資源です。このような天然に存在する資源を狭義の資源ということにします。

資源はその用途により、エネルギーを得るためのもの（エネルギー資源）と原料として用いるもの（原料資源）との二つに大別することができます。いま、天然資源を地下資源を中心に分類し、それぞれをさらに類別して、具体的な例をあげると、おおよそ図1.2のようになります。

このうち、自然エネルギーは、地熱エネルギーを除けば地下資源ではありませんが、近年、クリーンなエネルギー源として注目されており、ここに入れておきました。バイオマス資源はここには入れていません。なお、化石燃料資源の石油や石炭のようにエネルギー資源と原料資源の両方に該当する資源もあることがわかります。

ところで、資源にはここであげた分類によるもの以外にもさまざまの種類が

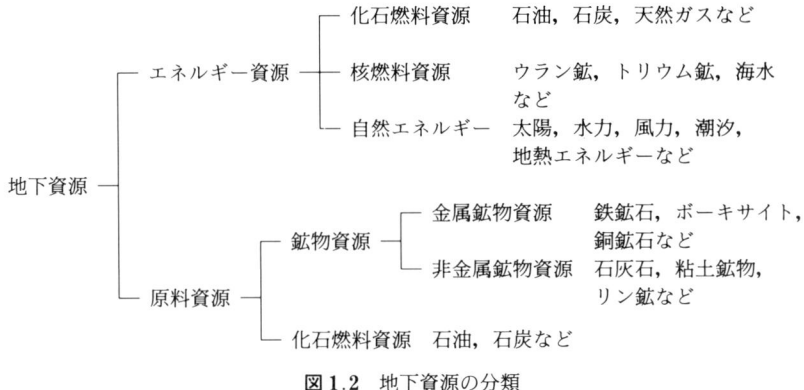

図1.2　地下資源の分類

あります．工業用水や灌漑用水などの水資源，あるいは，森林資源，バイオマス資源，生物資源，海洋資源，海洋生物資源，海洋鉱物資源，海底鉱物資源，水産資源，あるいは電力資源，原子力資源，食糧資源など多種多様です．

中には生化学資源や遺伝子資源，環境資源，宇宙資源など，その中身がよくわからないものもあります．さらに，労働資源，人力資源，観光資源，情報資源などの言葉も耳にしますが，これらは広義の資源というべきでしょう．

コラム 1A

資源とエネルギー

　資源にはエネルギー資源と原料資源があります．したがって，エネルギーは資源の一種であり，一部ですから，資源とエネルギー，あるいは資源・エネルギーなどと並列でいうのはおかしいことになります．

　もちろん，エネルギーは熱や光であり，資源は質量をもった物質というふうに考えれば，エネルギーと資源を区別することも可能でしょう．しかし，本文でも述べたように，資源の定義にはエネルギーや情報など非物質のものも入っているので，エネルギーはやはり資源の一種と考えるのが妥当であるということになります．

　しかし，実際には物質的な意味での資源とエネルギー的な意味での資源を一つにまとめて，資源・エネルギーといういい方はしばしばなされています．現に資源エネルギー庁という役所も存在しますし，資源エネルギー年鑑など資源エネルギーと名のつく本も多数存在します．したがって，本書でも資源・エネルギーといういい方をすることがあるのでご了解下さい．

このように日常生活の中で資源という言葉は広く用いられていますが，その用いられている意味と内容を正しく理解する必要があります。

資源を分類する方法として資源を生物起源の資源と無生物資源に分けるやり方もあります。化石燃料や現生の動物や植物（バイオマス）が前者であり，鉱物資源や水資源は後者です。

あるいは，資源を再生可能な資源（再生的資源）と再生が不可能な資源（非再生的資源）*に分けることもできます。前者の例として，森林資源や水資源，自然エネルギーなどがあげられますが，鉱物資源や化石燃料資源のように，一度採掘して消費してしまえば，もはや再生が不可能なものは後者です。

もちろん，再生的資源であっても過度の採取や環境破壊により再生が困難になることもありますし，非再生的資源でも，金属のリサイクル（再資源化）のように，努力次第では，ある程度再生が可能になる場合もあります。

◇◇◇◇◇◇◇◇◇◇◇◇◇◇◇◇◇◇◇◇ 1.3 資源の条件

前節で資源の意味や分類法を概観してきましたが，それでは「資源＝生産活動に利用できるもの」とは具体的にどのようなものをいうのでしょうか。

資源というものを考える場合，まず，物質やエネルギーの「価値」ということを考える必要があります。私たちはものをつくったり，エネルギーを得るために原料や燃料をお金を出して購入します。これは物質やエネルギーの価値を貨幣という経済的尺度で評価し，その価値を貨幣を通して取り引きをしているわけです。

資源についても，その価値を評価し，見積もることが必要です。資源の価値はその資源の有効性（有効度）とそれを得るために必要な労力によって決まります。

エネルギー資源の場合は，その資源から得られる有効度すなわちエネルギー量が問題であり，そのエネルギー量が資源を取り出すのに必要なエネルギー量

---

* 再生的資源を非枯渇性資源，非再生的資源を枯渇性資源ということがある。

1.3 資源の条件

やコストを十分上回るものであるかどうかが大きな目安となります。

いま，ある資源1kgを得るのに要するエネルギーをE_1，この資源1kgから取り出せるエネルギー（有効エネルギー：次章参照）をE_2とすると，この資源がエネルギー資源として使用できるためには

$$E_1 \ll E_2 \tag{1.1}$$

の関係が成り立つことが必要です。これにより，得られた余剰のエネルギーを新たに資源を得るために用いることができるのです。このほかに，資源の運搬や保存のしやすさ，また，消費したときの排気ガスの種類や量などもその価値に影響を与えます。

原料資源の場合も，エネルギー資源の場合と基本的には同様で，その資源の有効度（製品にしたときの価値）がそれを採掘したり加工するために要するエネルギーや人件費などのコストを上回ることが必要です。

いま，ある資源1kgを採取し加工するのに必要なコストをP_1，この資源1kgの利用価値（価格）をP_2とすると，この資源が原料資源として使用できるためには

$$P_1 < P_2 \tag{1.2}$$

の関係が必要です。すなわち，得られた資源の有効度が高く，その原料資源を採取・加工するためのエネルギーや人件費が小さいほど，原料資源としての質が高く，価値が高いことになります。このような条件を満たしてはじめてその物質が原料資源としての価値をもつのです。

鉱物資源では，このような条件を満たすかどうかの目安として，鉱石の供給量（埋蔵量，採掘量）とともに，鉱石中の有用元素の濃度（含有量）が重要です。鉱石中の元素含有量を鉱石の品位（grade）といいますが，鉱石として採算が合うために必要な品位は鉱石の種類によって異なります。

例えば，銅鉱石では0.5～3.0％程度の品位が必要ですが，金鉱石は1トン当り5～20g（5～20ppm）もあれば十分です。また，鉄鉱石となれば25～30％ぐらいの品位がなければ資源として成り立ちません。

表1.5にいくつかの金属元素について，地殻中の存在度と鉱石として必要な

表 1.5 鉱石の品位と元素の濃集度

元素	地殻中の存在度〔%〕	鉱石品位〔%〕	濃集度〔倍〕
Al	8.13	30	4
Fe	5.0	25	5
Cu	0.005 5	1	180
Ni	0.007 5	1.5	200
Mn	0.095 0	35	370
Zn	0.007 0	4	570
Pb	0.001 3	4	2 500
Cr	0.010 0	30	3 000
Sn	0.000 2	1	5 000
Au	0.000 000 4	0.001	2 500

品位，また鉱石への濃集度を示しました。品位が高く，処理しやすい物質であるほど資源としての価値は高くなります。この点については第3章の金属資源のところで再度取り上げます。

また，需要と供給との関係からいえば，資源の需要が多いときはその資源の

コラム 1B

資源の単位

　資源の量を表す場合，いろいろな単位系があるので混乱することが少なくありません。最も単位系が多いのが液体燃料の石油でしょう。一般に，資源の量は重さのトン (ton) で表すことが多いのですが，液体である石油の場合は体積（容積）で表す方が実際的で便利です。体積の単位ではバーレル (barrel) やガロン (gallon) またはリットル (liter) が用いられます。

　1バーレルはガロンに換算すると，31.5ガロン（米国式）ですが，英国式では3種類の異なる換算があります。また，1ガロンはリットルに換算すると，米国式では3.785リットルですが，英国式では4.546リットルです。石油の場合は1バーレルは42米国ガロンであり，約159リットルになります。石油（原油）の比重は0.78～0.95ぐらいですから，約0.93とすると

　　　　石油1トン≒1.08キロリットル≒6.76バーレル≒284ガロン

という関係が成り立ちます。石炭のように固体燃料の場合は重量のトンを用います。天然ガスのように気体燃料の場合は体積の立方メートル (m^3) で表しますが，立法フィート (CF) もよく使われています。この場合，天然ガスの平均分子量を17とすると1気圧下で，$1\,m^3 ≒ 35.3\,CF ≒ 0.76\,kg$ となります。

価値が上がり，需要が少ないとき価値は下がります。また，資源の供給量が多いときは価値が下がり，少ないとき価値は上がります。さらに，資源の輸送や貯蔵のしやすさ，最近では，資源消費による廃ガスや消費後の廃棄物の処分の問題などもその価値に大きな影響を与えます。

このように，資源の価値はその存在量，品位とともに需要と供給のバランス，また，それを採取し，運搬・加工し，処理・処分するためのコスト等多くの要素がからみ合って決定されるのです。

さて，資源の価値には，ここまで述べてきた価値以外に，自然科学的には，もう一つの重要な側面が存在します。それが資源のもつエントロピーという側面です。一般に，物質やエネルギーは構成元素やエネルギーとともに，熱力学的因子としてのエントロピーという物理量（状態量）をともなっています。資源物質としては，エネルギーや目的物質の含有量が大きいということと同時に，このエントロピーが小さいこと，すなわち低エントロピーであるほど，その価値は一般的に高くなるのです。この点に関して，次章でもう少し考察してみましょう。

2. エネルギーとエントロピー

　私たちの用いるエネルギーには力学的エネルギー，熱エネルギー，化学エネルギー，電気エネルギー，光エネルギー，核エネルギーなどいろいろな形態があります。私たちは日常このエネルギーをさまざまの形で利用し，生活に役立てています。このエネルギーを供給する資源がエネルギー資源です。

　物質がほかの物質に変化することを化学変化あるいは化学反応といいます。水素と酸素が反応して水になったり，木が燃焼して水や二酸化炭素を生じるのはその例です。そして，化学反応にともなって出入りするエネルギーが化学エネルギーです。化学エネルギーは熱や仕事，電気，光など，さまざまのエネルギー形態に変換して利用することができます。

　一方，エントロピー（entropy）というのはドイツの物理学者クラウジウス（R. Clausius）により，19世紀に熱力学第二法則とともに世に登場した概念です。エントロピーは，近年，さまざまの場で人々の話題に上ることが多くなっていますが，同じ物理概念でも，エネルギーなどに比べると，エントロピーはわかりにくいせいか，私たちの日常生活にはなじみが薄いようです。しかし，資源・エネルギー問題を考える上において，エネルギーと同様に，あるいはそれ以上にエントロピーは重要な意味をもつ概念なのです。

　本章では，資源・エネルギーについて考えるに当たり必要と思われる物質やエネルギーの熱力学的なとらえ方，また，エネルギーやエントロピーに関する法則を概観します。そして，その上に立って，資源やエネルギーの価値について考察してみたいと思います。

2.1 閉じた系と開いた系

　物質やエネルギーの変化を考える場合，まず対象となるものを明確にする必要があります。その対象となる物質やエネルギーの集まりを系（system）と

いい，周囲の物質やエネルギーを外界（surrounding）と呼びます。

いま，ある系が外界と物質やエネルギーのやり取りがない場合，その系は周囲に対して閉じた系（closed system），あるいは孤立系（isolated system）であるといいます。熱や光を遮断（断熱）した密閉容器内の物質がこれに当たります。また，物質は出入りしないが，熱や光などのエネルギーは出入りするような系を閉鎖系といいます。化学実験で用いるビーカーやフラスコなどの反応容器に入った物質がこれに当たりますが，反応容器は密閉しておかないと，実際には熱や光以外に気体など物質の出入りもともない閉鎖系にはなりません。第3はエネルギーも物質もともに出入りする系で，これは開放系と呼ばれます。ものを製造する工場やものを食べて排泄する生物などは開放系の例の一つです。最初にあげた孤立系を閉じた系，閉鎖系や開放系をまとめて開いた系（open system）といいます（図2.1）。

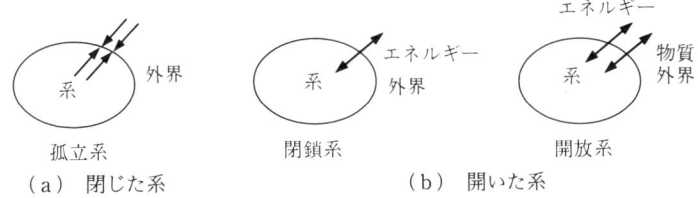

図2.1 閉じた系と開いた系

さて，ビーカーやフラスコなどの反応容器内の反応を考えてみましょう。実験室の反応容器は容積一定の閉鎖系であり，反応により，反応物は生成物へと変化し，やがてそれ以上変化しない状態に到達します。このような状態を反応の終点といい，平衡状態といいます。反応容器内で行う化学実験はこの平衡状態での生成物を目的とするものといえるでしょう。

一方，化学反応には，山や川など広く自然界で起こるものもあります。例えば，火山や海洋などで生起する岩石鉱物の生成反応や変質反応，あるいは鍾乳洞でみられる石灰石の沈殿反応や溶解反応，また，生物の体内で起こっている代謝反応なども天然の化学反応です。

このような天然の反応系は，一般に外部と物質やエネルギーの出入りをとも

なう開放系であり，物質は反応物から生成物へと絶え間なく変化を続け，厳密にいえば反応の終点という状態が存在しなくなります。生体系もこのような系の一つです。

生体系では，系内のさまざまの反応が外部と物質やエネルギーの交換をともないながら連続的に行われます。そして，反応が止まったときが死ということになります。もちろん，一個体の生体反応が終了しても，微生物による生体の腐敗，分解反応等は引き続き行われ，さらなる変化が進みます。

このように，天然の物質変化には終点がなく，変化は持続し継続されていきます。あるいは，一見同じ状態を保っているようであっても，中身はどんどん新しいものに置き換わっていくのです。この後者のような状態を定常状態(steady state)と呼び，このような系を定常開放系といいます。開放系のことを英語ではオープンシステムといいますが，上に述べたような刻々と移りゆく自然界の絶え間ない変化は，わが国でも古くから，「諸行無常」(平家物語)，「行く川の流れは絶えずして，しかももとの水にあらず」(方丈記)というような表現でとらえられ，いい表されてきたことは興味深いことです。

それでは，私たちの住む地球それ自体は閉じた系なのでしょうか，それとも開いた系なのでしょうか。地球は外部（宇宙）に対し光や熱，それに一部の物質の出入りもありますので，開いた系といえるでしょう*。そして，地球上の物質やエネルギーは（そしてエントロピーも）一定に保たれ，定常状態であると考えられています。地球は太陽から光のエネルギーを取り込み，発生した熱やエントロピーを外部の宇宙空間に捨てることによって，エネルギーやエントロピーを一定に保っていると考えられているのです。

---

* 地球は近似的には閉鎖系であるが，厳密にいえば隕石の落下やロケットの打ち上げなどがあるので開放系である。

2.2 化学変化と熱力学の法則

2.2.1 熱力学第一法則

化学反応にともなって出入りするエネルギーを化学エネルギーといいますが，化学反応が起こるのは，反応前の物質（反応物）のもつエネルギーと反応後の物質（生成物）のもつエネルギーに違いがあるからです。反応物と生成物のエネルギーの差が反応時に出入りする熱や仕事等のエネルギーであり，化学エネルギーというわけです。

物質がもっているこのような熱や仕事に変わりうるエネルギーは内部エネルギーと呼ばれ，通常 U という記号で表されます。いま，反応物の内部エネルギーを U_1，生成物の内部エネルギーを U_2 とし，反応に際して系が発する熱（反応熱）を Q，系が受け取る仕事を W とすると，上述の関係は

$$U_2 = U_1 - Q + W \tag{2.1}$$

のように表せます（図 2.2）。なお，Q は系が外界に発する熱を正，外界から吸収する熱を負，W は系が外界から受け取る仕事を正，外界になす仕事を負と定義します。図 2.2 からもわかるように，反応により系内の物質のもつ内部エネルギーは変化し，それが熱や仕事に変わるわけですが，反応の前後でエネルギーの総量は変わることはなく一定であることが知られています。これを熱力学の第一法則といいます。熱力学の第一法則にはこのほかにもいろいろな表現がありますが，1840 年代にジュール（J. Joule）やマイヤー（J. Mayer），ヘルムホルツ（H. Helmholtz）らによって確立されました。

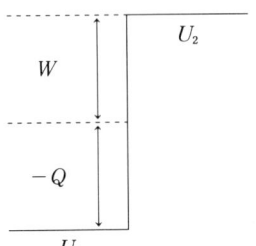

図 2.2　内部エネルギーと反応熱，仕事の関係

式 (2.1) は内部エネルギーの変化を $\Delta U = U_2 - U_1$ で表すと

$$\Delta U = -Q + W \tag{2.2}$$

となります。系の体積が一定条件では，$W = 0$ なので

$$\Delta U = -Q \tag{2.3}$$

となります。すなわち，内部エネルギー U の変化（減少分）は，体積一定（定容）条件の下での反応熱 Q ということになります。また，式(2.2)において $\Delta U = 0$，すなわち，物質の内部エネルギーの変化がない場合は

$$W = Q \tag{2.4}$$

となり，一定温度で物質変化のない系において，系は外界から受ける仕事と等量の熱を外界に放出します。これがジュールやマイヤーによって見い出された熱と仕事の等価関係です。これは力学エネルギーを熱エネルギーに変換できることを示すと同時に，熱エネルギーを力学エネルギーに変換することもできるという熱機関の原理を示す重要な関係です。

また，これはいいかえれば，外部から熱エネルギー（燃料）を取り入れることなく仕事をするような熱機関（第1種永久機関）はあり得ないことを意味します。すなわち，第1種永久機関は熱力学第一法則により実現不可能なことがわかるのです。

なお，式 (2.4) は系が得る力学的仕事 W とそれに対応して放出する熱量 Q が同じ単位を使った場合ですが，W に J（ジュール）単位を，Q に cal（カロリー）単位を用いた場合は両者の間には

$$W = JQ \tag{2.5}$$

$$J = 4.184 \text{ J/cal} \tag{2.6}$$

の関係があります。J は熱を仕事に換算する定数で，ジュールによって測定された値であり，熱の仕事当量と呼ばれています。

また，式 (2.2) において，圧力一定条件の場合は，内部エネルギーから圧力一定に保つためになす仕事をさし引いた $\Delta U - W$ を ΔH で表すと

$$\Delta H = -Q \tag{2.7}$$

となります。H はエンタルピー（enthalpy）と呼ばれ，圧力一定（定圧）条

件下での系内の物質がもつエネルギーを表し，その変化（減少分）が定圧条件下での反応熱 Q に等しくなるわけです。

エンタルピーは物質のエネルギー的安定性を表す量（熱力学ポテンシャル）で，一般的に，物質変化はエンタルピーが小さくなる方向，つまり $\Delta H < 0$（発熱反応）の方向に起こる場合が多いのですが，逆の場合（吸熱反応）もあります。エンタルピー変化は，正負の符号は逆ですが，定圧条件下における反応熱に相当し，定容条件での反応熱を表す内部エネルギーよりも実際的であり，反応熱を表す値としてよく用いられています。

さて，反応の進行により，物質の変化とともに，熱や仕事の放出や吸収があり，それにともないエントロピー（S）という状態量が変化します。反応熱による系のエントロピー変化は反応熱あるいはエンタルピー変化と温度（絶対温度）を使ってつぎのように表すことができます。

$$\Delta S_e = \frac{-Q}{T} = \frac{\Delta H}{T} \tag{2.8}$$

すなわち，反応熱やエンタルピー変化を絶対温度で割ったものがエントロピー変化であり，このエントロピーが，この後に出る熱力学第二法則に重要な役割を果たすことになります。式（2.8）の ΔS_e は熱の生成や移動によるエントロピー変化で，これをエントロピーの流れ（entropy flow）と呼ぶことにします。

2.2.2 熱力学第二法則

化学反応を起こす力を反応の駆動力（driving force）といいます。熱力学第一法則は，化学反応など，系の物質変化や状態変化の前後でエネルギーの総量が不変であることを述べたものですが，なぜ変化がその方向に起こるのか説明するものではありませんでした。

それに対し，物質変化や状態変化の起こる方向や起こりやすさ，すなわち反応の方向と駆動力を示したものが熱力学第二法則です。熱力学第二法則にもいろいろな表現がありますが，ここではまず，自由エネルギー（free energy）

という観点から述べてみましょう。

前節で述べたように，エンタルピーは定圧条件下における物質の熱的安定性を表す量です。ある反応系について，反応による物質変化にともなうエンタルピー変化（反応熱）はつぎのようにして求められます。

$$\Delta H = \Sigma H_{生成物} - \Sigma H_{反応物} \tag{2.9}$$

特に物質が単体から生成するときの反応熱を生成熱といいます。すでに述べたように，物質変化はエンタルピーが小さくなる方向，すなわち $\Delta H < 0$（発熱）の方向に起こる場合が多いのですが，必ずしもそうとは限りません。$\Delta H > 0$（吸熱）の反応も現実には数多く存在します。つまり，エンタルピーが反応の起こる方向の決め手ではなく，反応の起こる方向に関与する因子が他にも存在するのです。それがエントロピーです。

反応による系の物質としてのエントロピー（物質エントロピー）の変化は，つぎのようにして求められます。

$$\Delta S = \Sigma S_{生成物} - \Sigma S_{反応物} \tag{2.10}$$

物質エントロピーは物質の構造的自由度（無秩序性）を表す量であり，これがエンタルピーとともに物質変化の方向や起こりやすさに影響を与えます。一般的に，物質変化は系の物質エントロピーが大きくなる方向，すなわち $\Delta S > 0$ の方向に起こりやすいといえますが，この物質エントロピーの変化も反応によっては $\Delta S < 0$ の場合があり，反応の起こる方向の決め手ではないのです。

表 2.1 にいくつかの物質について，標準状態での1モル当りのエンタルピーである標準エンタルピー（H）と1モル当りのエントロピーである標準エントロピー（S）の値を示しました。表中のエンタルピーは物質が単体状態（$H = 0$）であるときを基準にした生成熱（ΔH）で表しています。

それでは，物質変化の起こる方向と起こりやすさは，何によって決まるのでしょうか。それは，上述の物質の熱的安定性を表すエンタルピーと構造の自由度を表す物質エントロピーを組み合わせたつぎのような状態関数の値によって決まるのです。

$$G = H - TS \tag{2.11}$$

表 2.1 いくつかの物質の熱力学データ (25°C)

物　質	状　態	ΔH〔kJ/mol〕	S〔J/deg・mol〕
C（グラファイト）	固体	0	5.7
Fe	固体	0	27.2
Al	固体	0	28.5
S（斜方）	固体	0	31.9
H_2	気体	0	130.6
O_2	気体	0	205.0
CO_2	気体	-393.5	213.6
CH_4	気体	-74.8	186.2
$C_6H_{12}O_6$（グルコース）	固体	-1278.0	211.9
H_2O	気体	-241.8	188.7
H_2O	液体	-285.8	69.9
SO_2	気体	-296.9	248.5
Fe_2O_3	固体	-822.2	90.0
Fe_3O_4	固体	-1117.1	146.4
FeS	固体	-95.1	67.4
Al_2O_3	固体	-1669.8	51.0

　G は自由エネルギーと呼ばれ，アメリカの物理化学者ギブス（J. W. Gibbs）により定式化されたので，ギブスの自由エネルギーとも呼ばれます。T は絶対温度を表しています。このギブスの自由エネルギー変化 ΔG が実は反応が起こるかどうかの決め手なのです。

　すなわち，物質変化は自由エネルギーが小さくなる方向，すなわち

$$\Delta G = \Delta H - T\Delta S < 0 \tag{2.12}$$

の場合に起こり，$\Delta G>0$ では起こらないのです。言いかえれば，定温定圧条件において ΔH や ΔS は正でも負でも反応は起こりえますが，ΔG は負の値の場合のみ反応が起こるのです。これが熱力学第二法則なのです。

　なお，ここで出てくる自由エネルギーというのは，エネルギーという名称を用いていますが熱力学第一法則のエネルギー一定の法則が成り立つようなエネルギーではなく，仕事として取り出し利用することができるエネルギーを意味しており，使えばなくなってしまうエネルギーであるといえます[*]。

　いま，ΔH や ΔS の符号と ΔG の符号の関係を示すと**表 2.2**のようになりま

---

　[*] このようなエネルギーは有効エネルギーと呼ばれる。

表 2.2 自由エネルギー変化と化学反応の関係

ΔH	ΔS	ΔG	A	反応
負	正	負	正	○
負	負	負または正	正または負	△
正	正	正または負	負または正	△
正	負	正	負	×

す。すなわち，ΔH が負で ΔS が正のときは ΔG は負になり反応はつねに起こります。ΔH も ΔS も負のときは低温でのみ ΔG が負となり反応が起こり，ΔH も ΔS も正のときは高温でのみ ΔG が負となり反応が起こります。また，ΔH が正で ΔS が負のときは ΔG は正であり，反応は起こりません。

なお，表中の自由エネルギーの隣に，物質変化の起こりやすさを表す指標として用いられる親和力（affinity）（付録 A2 参照）を A として並記しました。親和力 A はつぎのように定義されます。

$$A = -\Delta H + T\Delta S \tag{2.13}$$

すなわち，自由エネルギー変化 ΔG の符号を逆にしたものが親和力ということになります。親和力を使うと，反応が起こるのが $A>0$ で，反応が起こらないのが $A<0$ となり，反応の起こりやすさと反応の駆動力との対応関係がわかりやすくなります。

いずれにしても，定温定圧系において化学反応はエンタルピーと物質エントロピーの二つの要素の組合せによりその反応の起こる向きや大きさが決まることがわかるのです。

少し脱線しますが，これとよく似たことは私たちの日常生活においてもあるのではないでしょうか。

例えば，私たちに行動を起こさせる動機を考えてみましょう。人間の行動には大きく分けて労働（生産）の行動と遊び（消費）の行動の二つの側面があるように思われますが，まず労働のほうを考えてみましょう。

私たちを労働に駆り立てるものはなんでしょうか。まず，考えられるのは報酬すなわちお金です。人はお金のためやパンのためには少々いやなことでも体を張って働きます。しかし，人はそのためにのみ働いているのでしょうか，と

いうと、そうとばかりもいえないようです。

　人はお金にならなくても「やりがい」があれば仕事をするものです。例えば、部屋の掃除や整理をしたり、たまった洗濯物を洗濯すると心まですっきりするし、スポーツで汗を流したり、文章を読んだり書いたり、なにか工作を作りあげたりするとそれだけでなにやら嬉しい気持ちになります。人は自分のもつ能力や技術を生かして、なんらかの秩序ある仕事をなし、その仕事が有意義であると感じるとき、喜びややりがいを感じます。

　すなわち、人を労働に向かわせるのはお金であると同時に、その仕事によりその人の技能が発揮でき、その仕事が社会に秩序をもたらし、生かされることが大切なのです。仕事における地位や名誉などというのも、その結果としてついてくるものであって、決して労働の目的ではありません（したがって、そのようなものが得られないからといって嘆く必要もないわけです）。

　また、世の中にはボランティア（奉仕活動）という行為もあります。これは無報酬で世のため人のために尽くす活動です。いや、無報酬というより、むしろ手弁当で交通費もかかり、物品援助もすれば、逆に出費があるというべきでしょう。しかし、現実に（阪神淡路大震災など）ボランティアにさわやかな汗を流す人は数多く存在します。そのような人の行動の動機を第三者が云々するというのも少々おこがましいのですが、あのボランティアに汗を流す人たちの姿をみると、人間に行動を起こさせるものは決してお金だけではないことがわかるのです。

　人のために、なにかをやることの尊さ、すがすがしさとでもいうのでしょうか、ほかの人のために行動し、誠意を尽くすときの、なにか得もいわれぬ嬉しさ、心の充実、精神の充足感のようなものがこのような行動を生み出す契機としてあるような気がするのです。

　世の中には金銭的な報酬を期待しない行為が存在するのです。文豪トルストイもいうように、まさに「人はパンのみにて生きるにあらず」というわけです。

　また、労働とは少し違って、今度は遊びの場合について考えてみましょう。

私たちを遊びに駆り立てるものはなんでしょうか。ずばり，私たちは労働で得たお金を消費するべく，また，労働や勉強でたまったストレスを発散するべく遊ぶのです。すなわち，人を遊びに向かわせるのはお金の消費欲求であり，日常の秩序を解放することであり，ストレスを発散することなのです。これは労働で得たものを消費する行為であるともいえるでしょう。

　人間の行動に対するこのようなとらえ方を，先にあげた化学反応の場合と比較して考えてみましょう。化学変化の起こりやすさを表す指標である自由エネルギー（または親和力）のうち，熱や仕事を生み出し，エネルギー的安定性を指向するエンタルピー項をお金や食糧になぞらえ，構造の自由度をもたらし，秩序構造から無秩序構造を指向する物質エントロピー項を技術や知識（情報），そして身心の秩序や充実感に喩えることはできないでしょうか。

　労働の場合でいえば，前者が生活の糧をもたらし，後者は身心の充足感につながるものといえます。前者は大きいほど，後者は小さい（秩序性がある）ほどいいというわけです。また，遊びの場合でいえば，前者が遊びの資金となり，後者がストレスの発散につながるものといえます。これも前者は大きいほど，後者は小さいほどいい（よく遊べる）というわけです。

　しかし，化学反応の場合がそうであるように，お金と精神の充実感のどちらか一方だけでは行動を起こす決め手にはなりません。

　例えば，人はいくらお金がもらえても，自分に不向きで充実感の得られない仕事はしないものですし，逆に，いくら充実感が得られ，世の中の（秩序の）ためになる仕事でも，お金にならないから（あるいはお金がかかるから）実行しない，ということもあります。

　遊びの場合も同じで，人はいくらお金があっても，ストレスを発散できず楽しくない遊びはしないでしょうし，逆に，いくら面白くて楽しい遊びでも，お金がないからできないということもあるでしょう。人はその遊びに必要なお金と面白さの両面から遊びを決定するのです。

　このように，私たちの行動を起こす動機もお金と精神の充実感の両者を組み合わせた自由エネルギーで考えるとよくわかるのです。労働とは自由エネルギ

ーを高めようという行為であり，遊びとは自由エネルギーを下げようという行為であるといえるでしょう。

人はお金のためパンのために労働すると同時に，自らの身心の充実のために労働するものであり，この両者を組み合わせた総合的判断により行動するか否かが決まるというわけです。もちろん，お金と身心の充実の両方が得られることがベストであることはいうまでもありません。

このように考えますと，人間の労働としては金銭面での収入が得られ，自分や他人のために役立ち，楽しみながらできるようなものが，最も魅力的なものといえそうです。また遊びとしては，お金がふんだんに使え，身心のストレスが解放できる楽しい遊びがいいということになります。いずれにしても，お金は労働や遊びの一つの重要な契機ですが，決定的要因ではないということになります。

それでは，人間にとって理想的な職業とはどのようなものでしょうか。これは自らの嗜好にかない，心身の満足感が得られ，それがそのままお金につながるような職業です。スポーツでいえば，自分の得意なスポーツを生業とするプロスポーツ選手がそうであり，大工仕事の好きな大工さんや釣りが好きな漁師さんなどもそのような職業にあげられるでしょう。また，金銭的にはそれほど恵まれなくとも，ほかの人には成し得ないような独創的な仕事に励むことを生きがいとする研究者，学者，芸術家（音楽家，画家，小説家など）などもこれに当たるでしょう。

考えてみれば程度の差はあるにしても，あらゆる仕事は，本来このような金銭とやりがいの両面をあわせもったものではないでしょうか。お金さえ儲かればいいというのが，決して人間の仕事の本来の目的ではないはずです。むしろ，お金にのみこだわるのは人間として偏頗な，心の貧しい生き方であるといわなければならないでしょう。しかし，現実社会はこの自明の道理が往々にして利潤追求の陰に隠れ忘れられがちであるのも事実です。

話がだいぶ横道にそれましたが，自発的反応が起こる条件式（2.12）に戻りましょう。この式を変形するとつぎのような不等式が得られます。

2. エネルギーとエントロピー

$$\Delta S > \frac{\Delta H}{T} = \frac{-Q}{T} \tag{2.14}$$

これをクラウジウスの不等式といいます。この式の右辺はすでに式（2.8）で出た熱の移動によるエントロピー変化 ΔS_e ですから、この式は

$$\Delta S > \Delta S_e \tag{2.15}$$

コラム 2A

理想的な職業

　本文でも記したように、日常、私たちに労働意欲を起こさせるのは、食べるため、金儲けのためということ（エンタルピー的要因）と同時に、もう一つ重要なファクターとして、自らの技能を生かし、いい仕事をして身心の充実感を得るということ（エントロピー的要因）があげられます。

　人は少々いやな仕事でもお金（生活）のために仕事をしますが、逆に報酬は少なくてもやりがいのある仕事に夢中になることもあります。前者はエンタルピー的要因が優先した姿であり、後者はエントロピー的要因が優先した姿と考えることができるでしょう。そうすると、私たちに最も強い労働意欲をもたらすのは、お金がたくさんもらえて、かつ、やりがいのある仕事ということになります。

　労働と遊びは本来逆の行為ですが、仕事が遊びのように楽しければそれが一番いいことでしょう。本文中に述べたスポーツの好きなプロスポーツ選手やお花の好きな花屋さんなどはこれに近い職業でしょう。そういえば、子供たちに将来つきたい職業をきくと、男の子はスポーツ選手、女の子はお菓子屋さんや花屋さんが圧倒的に多いそうですが、このような理由によるものかもしれません。

　また、少し特殊ですが、プロのギャンブラーなども、数少ないこの種の職業なのかもしれません。

　ギャンブルはストレスを発散し、それでお金が入るのであれば、一挙両得で、たいへん魅力的な職業のようにみえます。大の大人が朝から晩まで1日中やっていても飽きないのがギャンブルです。

　しかし、残念ながらギャンブルというのはつねに勝てるという保証はありません。また、かりに勝てるとしても、ギャンブルも仕事になってしまうとどのくらい楽しいものなのか疑問の余地があります。ギャンブルは遊びだからこそ楽しいのかもしれません。

　楽しくて、かつお金になり、世のため人のためになるような理想的な（？）仕事というのははたしてあるのでしょうか？

と書けます。これは，自発的反応による系の物質エントロピーの変化が反応熱によるエントロピー変化（エントロピーの流れ）より大きいことを表しています。いいかえれば，反応により系内にエントロピーが新たに発生したことを意味します。それをエントロピーの生成と呼び，ΔS_i で表しますと，式 (2.15) はつぎのように書き換えることができます。

$$\Delta S = \Delta S_e + \Delta S_i \tag{2.16}$$

ここで，ΔS_e は正（吸熱）でも負（発熱）でもかまいませんが，生成エントロピー ΔS_i のほうはつねに

$$\Delta S_i > 0 \tag{2.17}$$

です*。すなわち，自発的反応は，物質変化や反応熱によるエントロピー変化以外に，系内に新たなエントロピーの生成をもたらし，系と外界をあわせた全体系（孤立系）のエントロピーを増加させるのです。

いま式 (2.16) より

$$\Delta S_i = \Delta S - \Delta S_e = \Delta S_{系} + \Delta S_{外界} = \Delta S_{全体系} \tag{2.18}$$

で，生成したエントロピー ΔS_i は系内の物質エントロピーの変化と外界の熱エントロピー変化の合計，すなわち，全体系のエントロピー変化であり，ギブスの自由エネルギーとつぎのような関係にあることが導かれます。

$$\Delta S_i = \Delta S - \Delta S_e$$

$$= \Delta S - \frac{\Delta H}{T}$$

$$= -\frac{1}{T}(\Delta H - T\Delta S)$$

$$= -\frac{1}{T}\Delta G > 0 \quad (\text{式 (2.12) より}) \tag{2.19}$$

したがって，式 (2.12) と式 (2.17) はまったく同等であり，定温定圧条件では自発的反応により系の自由エネルギーは減少し，孤立系（全体系）のエントロピーが増加することがわかるのです。いいかえれば，反応は系の自由エネルギーが減少する方向に起こり，孤立系のエントロピーが増加する方向に起こ

---

* ΔS_i によって生じる仮想的な熱を非補償熱（uncompensated heat）という。

るというわけです。これは熱力学第二法則の別の表現になります。

例として温度差による熱の移動現象を考えてみましょう。熱は温度が高いほうから低いほうに移動しますから，$T_1 > T_2$ の温度差がある2地点間で Q の熱量が移動すると，式 (2.8) より，高温部では Q/T_1 のエントロピーの流出，低温部では Q/T_2 のエントロピーの流入がありますので，系全体のエントロピー変化は

$$\Delta S_{\text{高温部}} + \Delta S_{\text{低温部}} = -\frac{Q}{T_1} + \frac{Q}{T_2} = Q\frac{T_1 - T_2}{T_2 \cdot T_1} > 0 \tag{2.20}$$

となり，熱の移動により全体としてエントロピーは増加し，エントロピー生成がみられます。そして，2地点間の温度差が大きいほどエントロピー生成は大きくなることがわかるのです。

エントロピー生成はカルノーサイクルのような熱機関においても起こります。いま，熱機関が外部から温度 T_1 で熱 Q_1 を吸収し，仕事 W をなして，温度 T_2 で熱 Q_2 を廃熱として外部に排出するものとすると（図 2.3），系内でのエントロピー生成のため，系に流入するエントロピーより系から流出するエントロピーのほうが大きいので，系内のエントロピー収支は

$$\frac{Q_1}{T_1} - \frac{Q_2}{T_2} < 0 \tag{2.21}$$

となります。これは変形すると

$$\frac{Q_1 - Q_2}{Q_1} < \frac{T_1 - T_2}{T_1} \tag{2.22}$$

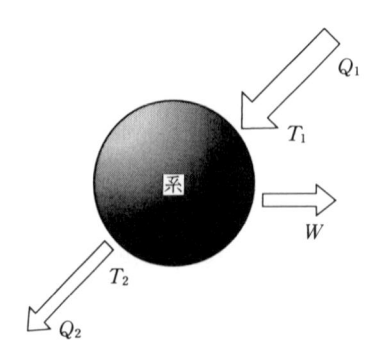

図 2.3　熱機関のエネルギー収支

となります。ここで，$Q_1 - Q_2 = |W|$ ですので，上式の左辺はこの熱機関の効率を表しています。効率を η とすると

$$\eta = \frac{|W|}{Q_1} = \frac{Q_1 - Q_2}{Q_1} < \frac{T_1 - T_2}{T_1} < 1 \tag{2.23}$$

すなわち，熱機関の効率は1より小さく，熱をすべて仕事に変換することは不可能であることがわかるのです。これも熱力学第二法則の一つの表現です。

熱力学第二法則には，これまでにあげたものをはじめ，いくつかの異なった表現があります。以下に代表的なものをあげてみましょう。

1) 定温定圧条件で，自発的変化は系のギブス自由エネルギーが減少する方向に進む。
2) 自発的変化は不可逆変化であり，それにより孤立系のエントロピーはつねに増加する（エントロピー増大の法則）。
3) 宇宙（孤立系）のエントロピーは増加し，極大に向かう。
4) 熱は高温から低温に向かって移動し，低温から高温に移動することはない（クラウジウスの原理）。
5) 循環過程により熱源から熱を得て，熱をすべて仕事に変換することはできない（トムソンの原理*）。
6) 外界から一方的にエネルギーを吸収して，それをすべて仕事に変換するような熱機関（第2種永久機関）をつくることは不可能である。

すでにいくつかの場合の例でみたように，これらはすべて同等の内容をもつものであることが証明されるのです。

2.3 資源とエントロピー

第1章で述べたように，資源はエネルギー資源と原料資源に分けることができます。エネルギー資源は資源のもつ化学エネルギーを熱エネルギーや力学エネルギー，電気エネルギーなどの形で取り出し利用するものですが，エネルギ

---

* W. Thomson は後に Lord Kelvin となったので，Kelvin の原理とも呼ばれる。

一資源の価値はそれによってどれだけの有効エネルギーを得ることができるかによって決まります。

化石燃料資源のように，化学エネルギーを熱エネルギーとして取り出し利用する資源の場合は，熱機関から多くの仕事を得るためには，燃料が大きな熱量と同時に高い温度をもたらすことが重要です。式 (2.23) からわかるように，熱機関の効率は外部との温度差が大きいほど高くなるからです。結局，化学変化（燃焼）で多くの熱を出し，高い温度が得られるものほどエネルギー資源として優れていることになります。

これは，温度が高いほど熱として熱機関に流入するエントロピーが小さく，単位熱量当りから取り出せるエネルギー（有効エネルギー）が大きくなるからです。結局のところ，エネルギー資源としてはエンタルピーが大きく，エントロピーが小さい資源（低エントロピー資源）ほど，いいかえれば自由エネルギーの大きい資源ほど，良質であるということになります。

また，原料資源の場合にしても，一般的に，より純粋で秩序性が高く，エントロピーが小さいものほど，いろいろなものと組み合わせることにより，少ないエネルギーで新たな製品を生み出すことができるので良質な資源であるということができます。

具体的な例をみてみましょう。炭素は燃焼することにより，二酸化炭素と熱を発生します。二酸化炭素は炭素に比べるとエンタルピーは小さく，エントロピーが大きい（表 2.1）ので使い道は炭素よりも限定され，資源としての価値は下がります。また，鉄はいろいろな製品の原材料として広く使われていますが，水や酸素により酸化され，酸化鉄になるとエントロピーが大きくなり，使い道は明らかに少なくなり価値が下がります。すなわち，炭素や鉄は純粋な単体のほうがエントロピーが小さく，通常，資源としての価値が高いのです。

ここで，鉄の酸化反応について考えてみましょう。反応式は

$$3\,\text{Fe} + 2\,\text{O}_2 = \text{Fe}_3\text{O}_4 + 1\,117.1\,\text{kJ}^* \tag{2.24}$$

となり，この反応における物質のエンタルピー変化は

---

* このような反応熱の入った反応式を熱化学方程式という。

2.3 資源とエントロピー

$$\Delta H = -1117.1 \text{ kJ/mol} \tag{2.25}$$

となります(表2.1)。反応は発熱反応です。なお,ΔH は負の値が発熱反応を表すので,式 (2.24) の熱化学方程式中の熱量の値とは符号が逆になっています。また,反応のエントロピー変化は,表2.1より

$$\Delta S = 146.4 - 27.2 \times 3 - 205.0 \times 2 = -345.2 \text{ J/(deg·mol)} \tag{2.26}$$

となります。すでに述べたように,この反応により生成する酸化鉄は,もとの鉄よりも物質的にエントロピーが大きく,資源としては質の低下した資源となるわけですが,反応全体としては物質エントロピーが減少する反応になります。式 (2.25),(2.26) の値を用いて 25℃ (298 K) におけるギブスの自由エネルギー変化を計算するとつぎのようになります。

$$\Delta G = -1117.1 + 298 \times 345 / 1000 = -1014.3 \text{ kJ/mol} < 0 \tag{2.27}$$

したがって,この反応は自然(自発的)に起こることがわかるのです。この鉄の酸化による発熱反応は使い捨てカイロ(コラム3A)などに利用されています。

つぎに,鉄鉱石から鉄を得る反応を考えてみましょう。まず,鉄の鉱石が硫化鉄(磁硫鉄鉱)の場合はつぎのような反応が考えられます。

$$\text{FeS}^* + \text{O}_2 = \text{Fe} + \text{SO}_2 + 201.8 \text{ kJ} \tag{2.28}$$

この反応のエンタルピー変化と,エントロピー変化は

$$\Delta H = 0 + (-296.9) - (-95.1) - 0 = -201.8 \text{ kJ/mol} \tag{2.29}$$

$$\Delta S = 27.2 + 248.5 - 67.4 - 205.0 = 3.3 \text{ J/(deg·mol)} \tag{2.30}$$

ですから,自由エネルギー変化は 25℃ で

$$\Delta G = -201.8 - 298 \times 3.3 / 1000 = -202.8 \text{ kJ/mol} < 0 \tag{2.31}$$

となり,この反応は自発的に起こり,磁硫鉄鉱の燃焼により金属鉄が得られることになりますが,実際には鉄はもう少し酸化されて酸化鉄になります。

それでは,つぎに,鉄の鉱石として酸化鉄(磁鉄鉱)を用いた場合を考えてみましょう。磁鉄鉱から金属鉄ができる反応は

$$\text{Fe}_3\text{O}_4 = 3\text{Fe} + 2\text{O}_2 - 1117.1 \text{ kJ} \tag{2.32}$$

---

* 磁硫鉄鉱の化学組成は,厳密には $\text{Fe}_{1-x}\text{S}\,(x=0\sim0.1)$ である。

で式 (2.24) とは逆の反応であり，この反応におけるエンタルピー変化とエントロピー変化は，式 (2.25), (2.26) とは逆に

$$\varDelta H = 1\,117.1\,\text{kJ/mol} \tag{2.33}$$

$$\varDelta S = 27.2 \times 3 + 205.0 \times 2 - 146.4 = 345.2\,\text{J/(deg·mol)} \tag{2.34}$$

となります。ゆえに，式 (2.32) の反応によるギブスの自由エネルギー変化は 25°C で

$$\varDelta G = 1\,117.1 - 298 \times 345/1\,000 = 1\,014.3\,\text{kJ/mol} > 0 \tag{2.35}$$

となり，式 (2.32) の反応は自然に起こることはないことがわかります。

この反応を起こさせるためには，どのようにすればいいのでしょうか。それは酸化鉄を単体の炭素であるコークスと一緒に燃焼させるのです。その理由を考えてみましょう。コークスの燃焼反応（酸化反応）の熱化学方程式はつぎのように書くことができます。

$$C + O_2 = CO_2 + 393.5\,\text{kJ} \tag{2.36}$$

この反応のエンタルピー変化とエントロピー変化は

$$\varDelta H = -393.5\,\text{kJ/mol} \tag{2.37}$$

コラム 2B

発熱反応と吸熱反応

　化学反応により系に熱の出入りがある場合，熱化学方程式では，発熱の場合は正，吸熱の場合は負の値で反応熱が表現されます。しかし，発熱であるということは系外に熱を放出するということであり，吸熱であるということは系内に熱を取り込むことですから，熱力学的には発熱を負の値で，吸熱を正の値で表現するやり方もあります。例えば，反応熱をエンタルピー変化で表すときは，発熱反応の場合は負，吸熱反応の場合は正の値となります。

　これは言いかえれば，熱化学方程式の反応熱は系を外（外界）からみたときの熱のやりとりを表したものであり，エンタルピー変化でいうときは系を内部からみたときの熱のやりとりを表したものであるともいえるでしょう。このように，熱化学方程式の反応熱と反応のエンタルピー変化は符号が逆であるので混乱しないように注意が必要です。最近では反応熱はすべて統一して，エンタルピー変化と同じように，発熱を負，吸熱を正の値で統一して表すよう求める意見もあります。

2.3 資源とエントロピー

$$\Delta S = 213.6 - 5.7 - 205.0 = 2.9 \text{ J/(deg·mol)} \tag{2.38}$$

であり（表 2.1），反応は発熱反応で，エントロピー増加反応ですから，25℃におけるギブスの自由エネルギー変化は

$$\Delta G = -393.5 - 298 \times 2.9/1\,000 = -394.4 \text{ kJ/mol} < 0 \tag{2.39}$$

となり，反応は自発的に進みます。

いま，式 (2.32) と式 (2.36) を 2 倍したものをたしあわせると，ヘスの法則より反応熱も化学式と同様にたしあわせてよいことが知られていますので，反応式は全体として

$$Fe_3O_4 + 2\,C = 3\,Fe + 2\,CO_2 - 330.1 \text{ kJ} \tag{2.40}$$

となります。これはコークスによる鉄鉱石の還元反応です。この反応のエンタルピー変化とエントロピー変化は

$$\Delta H = 330.1 \text{ kJ/mol} \tag{2.41}$$

$$\Delta S = 27.2 \times 3 + 213.6 \times 2 - 146.4 - 5.7 \times 2 = 351.0 \text{ J/(deg·mol)} \tag{2.42}$$

となりますので，25℃ での自由エネルギー変化は

$$\Delta G = 330.1 - 298 \times 351.0/1\,000 = 225.5 \text{ kJ/mol} > 0 \tag{2.43}$$

となり，反応は起こりませんが，668℃ 以上の温度条件では $\Delta G < 0$ となり，反応が起こることがわかるのです。実際的には，もっと多量にコークスと空気を加えて燃焼させ，つぎのような反応を起こさせます。

$$Fe_3O_4 + 5\,C + 3\,O_2 = 3\,Fe + 5\,CO_2 + 850.4 \text{ kJ} \tag{2.44}$$

この反応のエンタルピー変化とエントロピー変化は

$$\Delta H = -850.4 \text{ kJ/mol} \tag{2.45}$$

$$\Delta S = 27.2 \times 3 + 213.6 \times 5 - 146.3 - 5.7 \times 5 - 205.5 \times 3$$
$$= 358.3 \text{ J/(deg·mol)} \tag{2.46}$$

ですので，自由エネルギー変化は 25℃ で

$$\Delta G = -850.4 - 298 \times 358.3/1\,000 = -957.2 \text{ kJ/mol} < 0 \tag{2.47}$$

となり，常温でも十分反応が起こり得ることになります。実際は 1 000 ℃ 以上で燃焼させるので，反応は十分大きい速度で進行します。コークスを多量に燃

やすことによって，コークスはエントロピーの大きな二酸化炭素を生成し，鉄鉱石はエントロピーの小さい鉄に還元されるのです。

一般的には，化学反応式としては式（2.44）のような書き方は適切ではなく，式（2.44）は式（2.32）と式（2.36）の反応が熱力学的に連結* したものとみることができます。すなわち，式（2.32）は吸熱反応ですが，大きな発熱量をもつ式（2.36）のコークスの燃焼反応によって，反応全体として発熱反応となり，自由エネルギーが減少し，反応が進むというわけです。この場合，コークスは鉄鉱石の化学的な還元剤であると同時に，エントロピー面でも還元剤（鉄鉱石のエントロピーを吸収している）になっているといえます。実際面では式（2.44）の反応にさらに水なども加えて，水を水蒸気に変え，熱エントロピーを吸収させ系外に排出しているのです。

鉱物資源から単体としての金属を得るためのこのような反応工程を製錬といいます。これはエントロピーの高い原料としての鉱物資源からエントロピーの低い単体金属を得るための工程といえるでしょう。

経済学者のボールディング（K. Boulding）はこのような反応を通し，生産というものについてつぎのような説明を行っています。

「生産は，高いエントロピーをもつ『くず』をほかの場所に生み出すという代償をまぎれもなく払って，エントロピーを分離し，高度の秩序をもつ低エントロピーの『生産物』（商品）を作り上げる……」

この定義からすれば，上述の硫化鉄からの鉄の製錬は，二酸化硫黄の生成という代償を払って硫化鉄からエントロピーを取り除き，酸化鉄という低エントロピーの生産物をつくっている，ということになるし，酸化鉄からの鉄の製錬は，コークスを余分に燃焼して二酸化炭素や水蒸気を生成させるという代償を払って，鉄鉱石からエントロピーを取り除き，鉄という低エントロピーの製品をつくっている，ということになります。そして，得られた鉄はまたつぎの鉄製品のための資源となるわけです。このような製品の生産過程をエントロピーの流れという観点から模式的に示すと，図2.4のようになります。

---

* ある反応が起こることにより，別の反応が同時に起こること。

2.3 資源とエントロピー

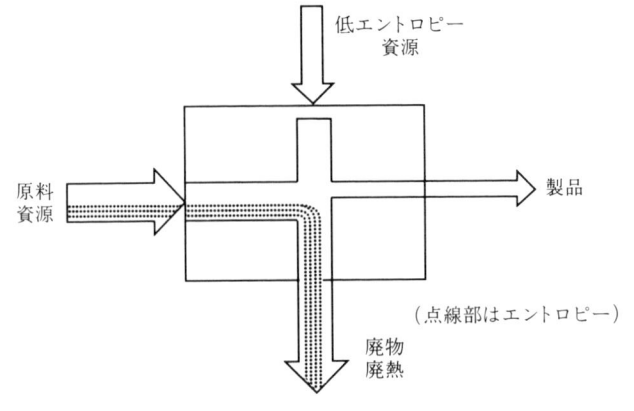

図2.4 生産とエントロピーの流れ
(「資源物理学入門」より)

このように，エネルギー資源にしても原料資源にしても，その物質のもつエントロピーの大きさ（低さ）というものが重要であることがわかります。エン

コラム2C

熱力学第三法則

　熱力学第二法則は自然界の物質変化やエネルギー変化がエントロピーの増大をもたらすことを明らかにしたものです。

　物質は内部エネルギーとともに固有の大きさのエントロピーをもっています。エントロピーはエネルギーと違って，その量が一定であるような保存量ではなく，物質種とその状態が決まれば一意的に決まる状態量ですが，そのエントロピーの値を決める基準を示したのが熱力学第三法則です。

　物質の内部エネルギーは温度の低下とともに減少し，絶対温度が0Kで最低となります。同様に，物質のもつエントロピーも温度低下とともに小さくなり，0Kでは物質の比熱（熱容量）は0になり，エントロピーの大きさも0になります。この0Kにおける純物質の完全結晶のエントロピーを0とおき，これを基準にして，任意の温度における物質の熱容量や相変化熱のデータからエントロピーの増分を求め，その物質のエントロピーの絶対値を求めることができます。

　これが1906年にネルンストによってはじめて明らかにされた熱定理であり，熱力学第三法則と呼ばれる法則です。本文にあるように，物質のエントロピーはその物質の資源としての価値を表す自然科学的な指標の1つでもあります。

トロピーの大きいものを高エントロピー資源，小さいものを低エントロピー資源と呼び，その値が資源としての価値を示す一つの重要な尺度となるのです。

このエントロピー的な意味での物質の価値を，物質の「拡散能力」とか「資源性」ということもあります。このことがより明瞭にわかるのが情報資源です。情報資源の場合，情報や知識という秩序そのものがまさに有用な価値をもつからです。

また，エネルギー資源の場合，利用可能なエネルギー（有効エネルギー）として，熱力学的ポテンシャルとしての自由エネルギーを資源の価値を示す尺度にすることもできます。この場合，自由エネルギーの大きいものは多くの仕事をなし得るので，高級エネルギー，小さいものは少しの仕事しか得られないので，低級エネルギーと呼びます。

自由エネルギーとエントロピーの関係からわかるように，高級エネルギーは低エントロピー資源，低級エネルギーは高エントロピー資源に相当します。このような尺度によって，資源としての物質の価値を自然科学的な観点から定量的に評価することができるのです。

3. 鉱物資源

　金属やプラスチック，セラミックス，衣料，食品，薬品，肥料など，さまざまの物質の原料となるのが原料資源です。そして，天然の原料資源で，私たちが現在の工業文明，科学技術文明を築くきっかけとなり，これまで大量に採掘され利用されてきたのが鉱物資源 (mineral resource) です。

　鉱物資源には単体としての自然金や自然銅などをはじめ，酸化物 (oxide)，水酸化物 (hydroxide)，硫化物 (sulfide)，炭酸塩 (carbonate)，硫酸塩 (sulfate)，ケイ酸塩 (silicate) 等，さまざまの物質形態のものがあります。それぞれを元素鉱物 (native element)，酸化鉱物 (oxide mineral)，水酸化鉱物，硫化鉱物，炭酸塩鉱物，硫酸塩鉱物，ケイ酸塩鉱物などと呼びます。また資源として利用できる，このような鉱物を含む岩石を鉱石（第1章参照）といいます。

　私たち人類が最初に使用した金属は銅であるといわれています。はじめは単体としての天然の自然銅を用いたようですが，やがて，化合物としての硫化鉱物や酸化鉱物から金属を取り出す製錬技術を見出し，人類は自らの力で金属を製造し，利用することができるようになります。それが装飾品や貨幣を生み，武器や農機具などを創出し，今日の文明のはじまりとなるのです。

　この章では，現在の私たちの文明の基礎となっている鉱物資源を金属鉱物資源と非金属鉱物資源に分けてみていきましょう。

3.1 金属鉱物資源

　鉱物資源はほとんどすべてが岩石圏に存在しています。岩石圏は地球の比較的表層部の地殻とその下の上部マントル当りを含む領域で，物質的には各種のケイ酸塩鉱物や酸化鉱物，硫化鉱物などの固体物質から構成されています。これらの岩石圏構成物質のうち，金属元素を多く含み，それを取り出すことを目

的とした鉱石が金属鉱物資源（metallic mineral resource）です。

金属鉱物資源の起源としては，地殻物質が地球内部のエネルギーにより溶融してできたマグマ（magma）や，地殻中の水が特定金属元素を濃集させ，それが冷やされて固結してできたものが多いと考えられています。

3.1.1　鉄　　鉱　　石　◇◇◇◇◇◇◇◇◇◇◇◇◇◇◇◇◇◇◇◇

金属鉱物資源で最も多量に利用されているものが鉄鉱石です。地球にはさまざまの状態の鉄を含む物質が存在しますが，地殻中の鉄の存在度はおよそ5％で，鉄はアルミニウムに次いで多い金属です。また，核やマントルを含め，地球全体としてみれば鉄の割合はさらに高く，およそ36％に達します（第1章参照）。

地球の核の部分は金属鉄を主とした金属溶融体で，いわば天然の溶鉱炉です。これが地表にあれば大変利用しやすい鉄の供給源であるといえますが，このような地球内部にある溶融鉄を直接地表に取り出すことは不可能です。私たちが実際に採取し利用するのは，それよりはるか上部の地殻部分に分布するもう少し酸化状態の鉄で，化合物としての鉄鉱石です。

鉄鉱石は天然では酸化鉱物，硫化鉱物，炭酸塩鉱物，硫酸塩鉱物，水酸化鉱物など，多様な化合物形態をとりますが，これらのうち最も広く分布し利用されているのが酸化鉱物です。鉄の酸化鉱物としては，赤鉄鉱（hematite：Fe_2O_3）や磁鉄鉱（magnetite：Fe_3O_4）などがよく知られています。次いで多く産するのが黄鉄鉱（pyrite：FeS_2）や磁硫鉄鉱（pyrrhotite：$Fe_{1-x}S$：$x=0〜0.17$）などの硫化鉱物です。

第1章で述べたように，鉱物資源の質を表すものとして品位がありますが，鉄の鉱石として必要な品位は25〜30％であり，鉄の地殻中の存在度である5％のおよそ5倍以上の濃集が必要です。世界的に鉄の埋蔵量の多いのは旧ソ連，カナダ，ブラジル，米国，オーストラリアなどで，世界の鉄鉱石の埋蔵量はおよそ2 660億トンであり，年間生産量はおよそ4億2 000万トンになります。**図 3.1**に鉄鉱石の主要産出国を，**図 3.2**にオーストラリアの鉄鉱石の採掘

3.1 金属鉱物資源　39

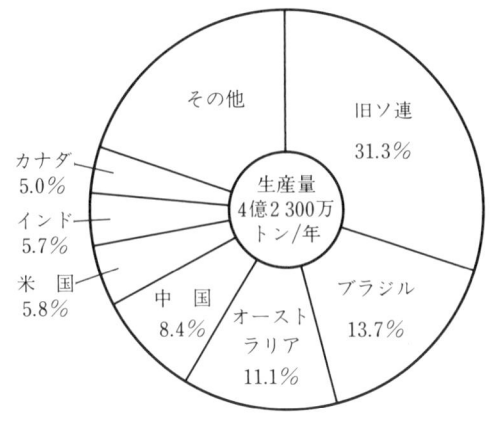

円グラフ:
- 旧ソ連 31.3%
- ブラジル 13.7%
- オーストラリア 11.1%
- 中国 8.4%
- 米国 5.8%
- インド 5.7%
- カナダ 5.0%
- その他
- 生産量 4億2300万トン/年

図3.1　鉄鉱石の主要産出国

図3.2　オーストラリアの鉄鉱石鉱山の概観（Mt Tom Price Mine）
（リオティントジャパン(株)提供）

場を示しました。

　鉱石から有用鉱物を選別する過程を選鉱，また，有用鉱物から金属を取り出す作業を製錬（前章参照）といいます。鉄の酸化鉱物（酸化鉄）は前章でもみたように，コークスを用いて還元し，単体の金属鉄を得ることができますが，最初に得られる金属は炭素やリン，イオウなどの不純物を含んでおり，純度が悪いので，空気を送り込み，何度か溶融を繰り返し純度を上げることが行われ

ます。これが精錬です。製錬にはアルミニウムのように溶融したものを電気的に製錬し，精錬するものもあります。

硫化鉱物は燃焼し，硫黄を酸化ガス（硫黄酸化物）にして取り除いて製錬します。硫黄酸化物は近年大気汚染や酸性雨の原因の一つになっており，その発生源の一つである硫化鉱物の製錬には，亜硫酸ガスなど燃焼の過程で発生する硫黄酸化物の処理が必要です。

また，炭酸塩鉱物の場合もほかの元素を不純物として含むことが多く，酸化鉱物に比べると，純度の面でやや劣ります。

鉄はさびやすく金属材料としては必ずしも最上のものというわけではありませんが，地球上に多量に存在する上，加工も比較的容易であり，古くから広く用いられています。

3.1.2 非鉄金属資源

金属鉱物資源のうち鉄鉱石以外のものを非鉄金属資源といいます。非鉄金属資源としては銅，鉛，亜鉛，スズ，アルミニウムなどを含む金属鉱石，それに貴金属としての金，銀，白金などがあります。

（1） 銅（Cu）

銅は人類が最初に使用した金属であり，単体としての金属銅，またスズを加えた合金としての青銅も古くからその使用が知られています。銅の鉱石としては，酸化鉱物としての赤銅鉱（cuprite：Cu_2O），黒銅鉱（tenorite：CuO），炭酸塩鉱物の藍銅鉱（azurite：$Cu_3(CO_3)_2(OH)_2$），孔雀石（malachite：$Cu_2(CO_3)(OH)_2$），硫化鉱物の黄銅鉱（chalcopyrite：$CuFeS_2$），斑銅鉱（bornite：Cu_5FeS_4），輝銅鉱（chalcocite：Cu_2S）などがあります。

銅は現在でも電気器具や導線をはじめ，食器や建築材料などにも広く使われています。**表 3.1** に現在のわが国の硬貨に使われている金属を示しました。銅が貨幣としても広く用いられていることがわかります。

銅の鉱石として必要な品位は 0.5～3.0％（5 000～30 000 ppm）ですが，銅の地殻中の存在度は 55 ppm 程度ですから，およそ 100 倍以上の濃集が必要

表3.1 貨幣に使われている金属

貨幣の種類	金属の種類
500円，100円，50円	白銅（Cu 75 %, Ni 25 %）
10円	青銅（Cu 95 %, Zn 3〜4 %, Sn 1〜2 %）
5円	黄銅（Cu 60 %, Zn 40 %）(真鍮)
1円	純アルミニウム（Al 100 %）

です。これは銅が特定の場所に濃集しやすい性質があることにより可能となります。世界の銅の埋蔵量はおよそ6億3000万トンで，埋蔵量の多いのは南米のチリで，全体のおよそ26 %を占め，米国，中国，ポーランドなどがこれに続きます。世界の銅鉱石の生産量は1997年度で1142万トン（金属銅に換算）です。図3.3に銅鉱石の主要産出国を，図3.4にチリの銅鉱山の外観を示しま

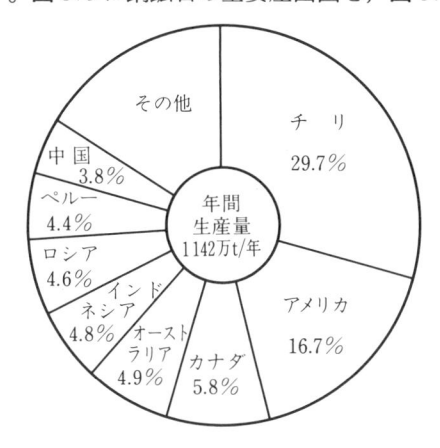

図3.3 銅鉱石の主要産出国

図3.4 チリの銅鉱石鉱山の概観（Collahausi Copper Mine）
((株)日鉱金属提供)

した。

また，世界の銅の生産量（地金）は1997年度で1 364万300 Mトン*であり，国別では米国18.0％，チリ15.5％，日本9.4％で，この上位3か国で42.9％を占めています。一般に，鉱石の産出国と地金の生産国は同じではありません。

（2） 鉛，亜鉛（Pb, Zn）

鉛は地殻中の存在度は13 ppmであり，世界的に埋蔵量が多いのはオーストラリアで，ほかに米国，カナダ，中国など地球上に広く分布しています。鉛の年間生産量（地金）は578万7 700 Mトン（1997年）で，鉱石鉱物としては硫化鉱物の方鉛鉱（galena：PbS）があげられます。鉛の用途としてはハンダ，蓄電池電極，放射線遮蔽材などがあります。

亜鉛は地殻中の存在度は70 ppmであり，オーストラリア，中国，米国，カナダなどを中心に広く分布しており，セン亜鉛鉱（sphalerite：ZnS）などの硫化鉱物が利用されています。亜鉛の年間生産量（地金）は761万2 400 Mトン（1997年）で，その用途としては黄銅（真鍮）などの合金やトタン板，乾電池の負極板などがあります。

銅や鉛，亜鉛はかつてはわが国の鉱山で盛んに生産されていましたが，最近では海外のものが安く入るため，国内生産は減少し，かなりの部分を輸入しています。なお，硫化鉱物の製錬に際して排出される亜硫酸ガスは，現在では硫酸として回収し，利用されています。

（3） スズ（Sn）

スズ（錫）は地殻中の存在度は2 ppmと非常に小さい金属ですが，用途としては，銅との合金（青銅）が古くから知られており，ほかに低融点の合金（ハンダ）やブリキなど広く用いられています。スズの鉱物は酸化鉱物，硫化鉱物などいろいろありますが，資源として重要な鉱物は錫石（cassiterite：SnO_2）です。スズの埋蔵量は約1 000万トンと推定されており，鉱床はマレー

---

* Mトンは地金（metal）の生産量を表す。一般に，地金の生産量はリサイクルで得られたものも入っているので，鉱石からの生産量より大きい。

半島からミャンマーにかけての地域や中国に多く分布しており，生産量の多いのは，中国，インドネシア，マレーシアなどです。スズも，かつてはわが国の鉱山で採掘されていましたが，現在ではほとんどが輸入によるものです。

（4） アルミニウム（Al）

アルミニウムの鉱石としてはボーキサイト（bauxite：$Al_2O_3 \cdot nH_2O$）がよく知られています。ボーキサイトは鉱石名であり，鉱物としてはギブサイト（gibbsite：$\gamma\text{-Al(OH)}_3$）やベーマイト（boehmite：$\gamma\text{-AlOOH}$）やダイアスポア（diaspore：$\alpha\text{-AlOOH}$）などいくつかの異なる鉱物があり，ボーキサイトはそれらの総称です。

アルミニウムの埋蔵量の最も多いのはオーストラリアで，ギニア，ジャマイカ，ブラジル，中国などがこれに続きます。アルミニウムは鉱石として必要な品位は 30 ％ 程度と非常に高いのですが，地殻中の存在度が 8.13 ％ と高いので，濃集の点からいえば，4 倍程度の濃集ということになります。

アルミニウムの年間生産量（地金）は，1997 年度で 2 179 万 5 300 M トンに達し，非鉄金属では最も生産量の多い金属です。国別では，米国 16.5 ％，ロシア 13.3 ％，カナダ 10.7 ％ で，これら上位 3 か国で 40.5 ％ を占めています。

アルミニウムは軽くて（比重 2.7）さびにくいことから，アルミサッシやアルミ缶，また合金をつくりやすく加工しやすいことから，弁当箱などの日用品や航空機，自動車などの構造材料，さらに電気機器，電線など広範な用途に用いられています。

しかし，アルミニウムは溶融電解による精錬の過程で多量のエネルギーを必要とするため，最近では缶などは回収して再生したり，代替可能なものはスチール缶などで代用されようとしています。アルミニウムの鉱石であるボーキサイトは，現在わが国ではすべて輸入に頼っています。

（5） チタン（Ti）

チタンは地殻中の存在度は 4 400 ppm と，金属の中でも高いもので，鉱物としてはルチル（rutile：TiO_2）やチタン鉄鉱（ilmenite：$FeTiO_3$）などの酸化

鉱物が重要です。ケイ酸塩鉱物の中にもかなり含まれているものがあり，砂鉄の中にも含まれています。オーストラリア，ノルウェー，旧ソ連などが主要生産国であり，埋蔵量は全世界で約7億トンと見積もられています。

チタンは比重が小さく（4.5），硬くて強度が大きいため，金属合金として航空機材料やゴルフクラブ，化学工業の耐食材などに使われ，酸化物は塗料や印刷用インクなどに用いられています。

（6） レアメタル

ニッケル，クロム，コバルト，マンガン，モリブデン，タングステン，バナジウム，ニオブ，タンタルなどの金属はその存在が希少であることからレアメタルと呼ばれています。レアメタルはわが国の産業にとって必須の重要資源ですが，そのほとんどは輸入に依存しています。以下に代表的なレアメタルをみていきます。

（a） ニッケル，クロム（Ni, Cr）

ニッケルは地殻中の存在度は75 ppmであり，鉱物としては酸化鉱物や硫化鉱物，ケイ酸塩鉱物などがあります。代表的なものとしては，硫鉄ニッケル鉱（pentlandite：$(Fe,Ni)_9S_8$）やケイニッケル石（ganierite：$(Ni,Mg)_3Si_2O_5(OH)_4$）があげられます。前者は鉄とニッケルの硫化物固溶体であり，後者はケイ酸塩鉱物である蛇紋石のマグネシウムの一部をニッケルが置換したものであり，やはり固溶体になっています。ニッケルの鉱物としては，このほかに紅砒ニッケル鉱（niccolite：NiAs）がよく知られています。

ニッケル鉱石の産地としてはニューカレドニアが有名ですが，埋蔵量が最も多いのはキューバであり，カナダ，ニューカレドニアなどがこれに続きます。世界のニッケルの生産量（地金）は101万7000 Mトン（1997年）で，国別では，ロシア23.0％，カナダ12.9％，日本12.6％で，これら上位3国で48.5％を占めています。

クロムの地殻中の存在度は100 ppmであり，埋蔵量は南アフリカとジンバブエに偏っていますが（87％），生産は南アフリカとカザフスタンに集中しています（68％）。鉱石としてはクロム鉄鉱（chromite：$FeCr_2O_4$）が代表的で

す．

ニッケルとクロムは鉄との合金としてのステンレスの原料としての用途がよく知られています．例えば，18-8 ステンレススチールといえば Cr 18 %，Ni 8 % を含む鉄合金を表します．ニッケルはほかに磁性材料，メッキ，触媒などに用いられています．

(b) コバルト (Co)

コバルトは地殻中の存在度は 25 ppm で，鉱石はおもに輝コバルト鉱 (cobaltite : CoAsS) として産出します．ほかに銅やニッケルの鉱石にともなわれて産出し，副成分として回収されます．埋蔵量はザイール，キューバに偏在しています．

コバルトは古くはエジプト文明のころよりガラスの青の着色剤として使われていたことが知られていますが，現在では金属の増強度剤として先端技術に不可欠の資源であり，永久磁石，耐熱摩耗合金，超硬工具，電子材料用特殊部品等に広く用いられており，陶磁器の釉薬などにも用いられています．

(c) マンガン (Mn)

マンガンは地殻中に 950 ppm とかなり大きい存在度をもち，鉱石としてはおもに軟マンガン鉱 (pyrolusite : MnO_2) が用いられています．南アフリカと旧ソ連に埋蔵量の 74 %，生産の 30 % が集中しています．

最近では太平洋などの海底に存在するマンガン団塊 (manganese nodule) が資源として注目されています（第 8 章参照）．マンガン団塊は 20〜25 % のマンガン，そのほかに鉄，ニッケル，銅，コバルトなどを含んでおり，将来の貴重な金属鉱物資源としてその利用が期待されています．

マンガンはその消費量の 90 % 以上は製鉄，製鋼用であり，製鋼の工程で硫黄分や酸素を除去するのに用いられています．その他，乾電池などの材料としても重要です．

(d) モリブデン (Mo)

モリブデンは地殻中の存在度は 1.5 ppm と大変小さく，産地は，埋蔵量 (78 %)，生産量 (80 %) ともに米国，中国，チリに集中しています．主要鉱

物として輝水鉛鉱（molybdenite：MoS_2）がよく知られています。

モリブデンは鉄との合金として強い耐食性をもち，特殊鋼や耐腐食合金や原子炉材として使われ，反応の触媒としても用いられています。

（e） タングステン（W）

タングステンも地殻中の存在度は1.5 ppmと小さく，産地は，埋蔵量（44％），生産（75％）ともに中国に集中しています。タングステンの鉱物としては，タングステン酸塩鉱物の鉄マンガン重石（wolframite：$(Fe,Mn)WO_4$）や灰重石（scheelite：$CaWO_4$）があります。

タングステンは3410 ℃という金属の中で最も高い融点をもっており，その用途は電球のフィラメントをはじめ高速度鋼，超硬合金（タングステンカーバイド）などがあげられます。

（f） バナジウム（V）

バナジウムは地殻中の存在度は135 ppmと比較的高い元素で，産地としては南アフリカ，米国，旧ソ連，中国などがありますが，その高品位鉱の産出は南アフリカと旧ソ連に集中しています。鉱石鉱物としてはバナジン酸塩鉱物として褐鉛鉱（vanadinite：$Pb_5(VO_4)_3Cl$），カルノー石（carnotite：$K_2(UO_2)_2(V_2O_8)\cdot 3H_2O$）など多くの鉱物種が知られています。

バナジウムは炭素，窒素，酸素などと化合し，炭化物V_4C_3は鋼鉄の組織を細かくし，硬度を高めます。その用途としては高張力鋼，工具用鋼，触媒，超電導材料などがあります。

（g） ニオブ（Nb）

ニオブは地殻中の存在度は20 ppmであり，埋蔵量（86％），生産量（85％）ともにブラジルに集中しています。鉱石鉱物としてはパイロクロール（pyrochlore：$(Na,Ca)_2(Nb,Ta)_2O_6(O,OH,F)$）やコルンブ石（columbite：$(Fe,Mn)(Nb,Ta)_2O_6$）などがあります。コルンブ石は固溶体鉱物で，Nb＞Taであり，ニオブ石とも呼ばれます。

ニオブは耐熱性，耐食性があり，熱伝導度が大きく，その用途としては各種合金（耐熱合金，航空機材料，超電導材料，ナトリウム灯），高張力鋼，セラ

ミックコンデンサなどがあげられます．

（h） タンタル（Ta）

タンタルは地殻中の存在度は 2 ppm と小さく，埋蔵量の 68％ がオーストラリア，ナイジェリア，コンゴに，生産量の 86％ がオーストラリア，ブラジルに集中しています．鉱石鉱物としてはタンタル石（tantalite：(Fe,Mn)(Ta, Nb)$_2$O$_6$：Ta＞Nb）が代表的であり，タンタルとニオブは天然ではふつう相伴って産出します．

タンタルは融点が約 3 000 ℃ と非常に高い金属で，硬く，耐食性もあり，用途としては超硬工具，光学レンズ，耐食耐熱材料，電解コンデンサなどがあります．

（7） 希土類

希土類（rare earth）は原子番号 57 のランタン（La）から 71 のルテチウム（Lu）までの 15 元素と原子番号 21 のスカンジウム（Sc）と原子番号 39 のイ

コラム 3A

使い捨てカイロ

冬季に懐に忍ばせる使い捨てカイロは鉄の酸化反応熱を利用したものです．鉄の酸化反応の熱化学方程式は，発熱量を正の値で表すと

$$2\,Fe + 3/2\,O_2 = Fe_2O_3 + 822\,kJ \qquad ①$$

となり，大きな発熱量をもつ反応です．しかし，この反応は非常にゆっくりとしか進まないので，カイロには使えません．鉄の酸化が速く進むためには水が反応に関与する必要があります．その反応式は，水の生成反応と，水酸化鉄の生成反応の熱化学方程式

$$H_2 + 1/2\,O_2 = H_2O + 286\,kJ \qquad ②$$
$$Fe + 3/2\,O_2 + 3/2\,H_2 = Fe(OH)_3 + 832\,kJ \qquad ③$$

を組み合わせてやり，③－②×3/2 を計算して

$$Fe + 3/4\,O_2 + 3/2\,H_2O = Fe(OH)_3 + 403\,kJ \qquad ④$$

となります．この反応は比較的速く進むので，短い時間に十分な熱量が得られることになり，カイロとして利用できるのです．これが使い捨てカイロというわけですが，使い捨てカイロは鉄を原料資源としてではなく，つぎの第 4 章で取り扱うような，エネルギー資源として利用していることになります．

ットリウム（Y）の2元素を含めた17元素のことをいいます。前者の15元素は遷移元素の中でランタニド系列と呼ばれるものです。希土類元素は化学的によく似た性質をもち，文字どおり地殻中の存在度がきわめて低い元素ですが，セリウム（Ce）の60 ppmのように少し高いものもあります。

希土類元素の主要鉱物としては，モナズ石（monazite：(Ce, La, Nd, Th)PO$_4$），ゼノタイム（xenotime：YPO$_4$），バストネサイト（bastnasite：(Ce, La)(CO$_3$)F），ジルコン（zircon：(Zr, Th, Y, Ce)SiO$_4$）などがあげられますが，天然の希土類の鉱物は，いずれもセリウムをかなり含んでおり，分離の必要があります。

希土類の用途としては，石油精製の際の触媒や鉄との合金，ガラス工業原料および研磨材などをはじめ，磁性材料やカラーテレビ用蛍光体，レーザー，マイクロ波材，光ファイバー，光磁気ディスク，水素貯蔵材料などがあり，広範に用いられています。

希土類は年間生産量が酸化物（REO）にして2万5000トン程度であり，わが国の産業にとって非常に重要な資源ですが，わが国ではほとんど輸入に頼っています。

3.2 非金属鉱物資源

鉱物資源のうち非金属元素やアルカリ金属，アルカリ土類金属から構成されるものを非金属鉱物資源（non-metallic mineral resource）といいます。したがって，非金属鉱物資源といっても金属元素をまったく含まない物質というわけではありません。

また，かつては，非金属無機質の固体を原料としてそれを熱処理して得られたものをセラミックスと呼んでいましたが，最近では，金属酸化物などを原料とした高強度で機能性の高いセラミックスも数多くつくられており，それらはニューセラミックスとも呼ばれています。

わが国では金属鉱物資源がほとんど輸入に依存しているのに対し，非金属鉱

物資源は，セメントの原料となる石灰石をはじめ，全般的に，国内自給率が高い傾向があります。以下に主要な非金属鉱物資源をみてみましょう。

（1）石灰石

わが国で豊富に存在する非金属資源といえば，まず石灰石（石灰岩）があげられます。石灰石は炭酸カルシウム（$CaCO_3$）を主成分とする鉱石であり，鉱物としては，方解石（calcite）やアラゴナイト（aragonite）として産出します。

石灰石は地質時代に大量に存在した大気中の二酸化炭素が，長い地球の歴史の中で，炭酸塩として固定化されたもので，それは地球上に水が存在し，水に溶けた二酸化炭素が炭酸イオンとなり，水中のカルシウムイオンと反応し沈殿してできたものです。

石灰石には，このように水中のカルシウムが無機的に炭酸カルシウムとして沈殿したもののほかに，水中で生息する貝やサンゴや有孔虫の遺骸が沈積して固結してできた生物起源のものもあります。

日本の石灰石は質もよく，量も十分ある資源であり，産地としては，二畳期から石炭期にかけて堆積した秩父古生層中の石灰岩が純度もよく，各地で採掘されています。わが国の石灰石は埋蔵量がおよそ580億トンと多く，年間生産量はおよそ1億8000万トンに達しますが，100％自給している資源です。

石灰石は，主として石灰やセメントの原料* として広く使われているほかに，製鉄用の溶剤，化学工業用原料としても用いられています。セメントにするには，つぎにあげる粘土鉱物を加えて焼結粉砕し，石膏を加えて調製します。また，大理石や石灰岩は石材としても広く用いられています。

（2）粘土鉱物

粘土鉱物（clay mineral）もわが国で比較的豊富に産出する資源です。粘土鉱物は岩石が低温の水や酸性熱水などと反応して，SiやAlがアルカリ金属やアルカリ土類金属元素とともに溶脱を受け溶存した SiO_2，Al^{3+}，Na^+，K^+，Mg^{2+}，Fe^{2+}，H_2O などから再構成されてできたもので，熱帯多雨地域や火山

---

* わが国のセメント消費量は1人当り年間665 kgで世界一である。

地帯およびその周辺地域に広く分布しています。わが国では愛知県の瀬戸や岐阜県の多治見など多数の粘土鉱床があり，焼き物の産地を生み出しています。

粘土鉱物はケイ酸塩鉱物の一種で，ケイ酸四面体が酸素を共有して層状につながった構造をもっています。このような層状構造をもったケイ酸塩をフィロケイ酸塩 (phyllosilicate) といいますが，粘土鉱物は層間に水やアルカリ金属などのイオンをはさんだ非常に微細な ($2\mu m$ 以下) 結晶の集合体です。粘土鉱物の層間の水が出入りすると，体積が膨張（膨潤という）して可塑性をもったり，収縮して固結するという変化がみられます。

粘土鉱物は陶石*や石灰石を加えて陶磁器の原料として用いられており，ほかに耐火物原料やセメント用原料，各種充填剤，脱色剤，触媒，化粧品など幅広い用途に用いられています。

磁器原料としてよく利用されている粘土鉱物はカオリナイト (kaolinite：$Al_2Si_2O_5(OH)_4$) やモンモリロナイト (montmorillonite：$(Na,Ca)_{0.3}(Al, Mg)_2Si_4O_{10}(OH)_2 \cdot nH_2O$) であり，これらを主成分とする粘土はそれぞれカオリン，ベントナイトと呼ばれています。わが国の粘土鉱物の埋蔵量はカオリンの場合，およそ3600万トンと推定されています。

（3）ドロマイト

石灰石や粘土鉱物とともに，わが国で豊富に産出するものとしてドロマイト (dolomite：$CaMg(CO_3)_2$) があります。ドロマイトはマグネシウムを多量に含む炭酸カルシウムで，苦灰石とも呼ばれ，方解石とマグネサイト (magnesite：$MgCO_3$) の中間の組成をもち，化合物として独自の安定領域をもつ鉱物です。ドロマイトを主成分鉱物とした堆積岩を苦灰岩といいます。

ドロマイトは，世界的にはカンブリア紀の石灰石のように海水中で沈殿したものが多いですが，わが国で産出するドロマイトは海水中で直接沈殿したものではなく，石灰石が海水起源の地下水や熱水と反応し二次的に生成したものと考えられています。このようにしてできたドロマイトの鉱床として，栃木県の葛生鉱山が有名です。

---

* 微細な石英粒や粘土鉱物のセリサイト，カオリンを主成分とする熱水変質岩

ドロマイトは主としてマグネシウムの製造に用いられています。わが国のドロマイトの埋蔵量はおよそ12億トンであり，年間生産量はおよそ600万トンで，現在67％を国内で自給しています。

(4) ケイ石・ケイ砂

ケイ素は地殻中の平均含有量が27.7％と酸素についで多く，酸化鉱物（シリカ鉱物）またはケイ酸塩鉱物として地殻を形成しています。しかし，ケイ素の鉱石の処理には，アルミニウムと同様に多量の電力が必要であり，鉱石には高い品位が求められます。

ケイ石はケイ素の原料となるシリカ（SiO_2）が緻密な塊状をなしたもので，品位が高く（SiO_2含有量で85％程度），ケイ素の主要な鉱石です。また，ケイ砂は砂状のシリカで，品位はやはり高く80％以上あります。シリカはケイ酸四面体が立体網目状につながった構造をしており，構造的にはテクトケイ酸塩（tectosilicate）に分類され，大きな硬度をもっています。

わが国では，酸性の熱水活動にともなって火山岩類が溶脱作用を受けてケイ石鉱床となった静岡県の宇久須鉱山など，全国的にケイ石鉱床が数多く分布しています。

ケイ石やケイ砂を原料とするケイ素はシリコンとも呼ばれ，太陽電池用の単体としての高純度シリコンをはじめ，さまざまの用途に用いられています。金属シリコンは軽合金や鉄合金，ケイ素樹脂などに用いられ，炭化ケイ素（カーボランダム：SiC）は高い強度や融点をもつために研磨材や耐火物に，窒化ケイ素（Si_3N_4）はニューセラミックスとして広く利用されています。また，シリカも光学用レンズや水晶発振子，ガラス原料など広範に用いられています。シリカの中で有用なのは不純物の少ない石英で，人工石英も広く用いられています。

わが国のケイ石の埋蔵量はおよそ17億4 000万トンと多く，ケイ石はそのほとんど（99.4％）が国内で自給されています。ケイ砂も60％程度が自給されており，その埋蔵量はおよそ2億7 500万トンといわれています。シリカの需要は1990年で480万トンで，年々増加傾向にあります。

(5) 沸石

沸石はゼオライト（zeolite）とも呼ばれ、アルカリやアルカリ土類金属および結晶水を含むアルミノケイ酸塩で、構造的にはテクトケイ酸塩に分類されます。沸石はその構造に大きな空隙をもち、その中に沸石水と呼ばれる結晶水をもっており、この水分子は結晶構造から出入りしても構造にはまったく影響を与えません。このような水を沸石水と呼びますが、沸石という名は加熱すると発砲して、この結晶水を放出することから、沸騰する石という意味でつけられた名称です。

沸石は天然には40種ほど見い出されますが、第三紀の酸性凝灰岩や火山岩の埋没変性作用により生成されたものなど、わが国でも全国的に広く分布しています。現在ではさまざまの沸石が人工的に合成されており、あわせて約100種類ほどの沸石が報告されています。

その用途としては、反応の触媒などに使われるほか、含まれる陽イオンをほかのイオンと交換する特性を生かして、イオン交換材として用いたり、廃水の処理、養殖池の浄化、土壌改良、家畜飼育の脱臭材など幅広い用途に利用されています。沸石には、ほかに、その結晶構造の空隙を利用した分子ふるい（モレキュラーシーブ）やガス吸着剤としての利用もあります。

（6） リン鉱

リン鉱はリン酸塩鉱物よりなるリンの主要鉱石であり、リン酸肥料などの原料になります。地殻中のリンの存在度は1050 ppmと比較的大きく、リンの鉱石としては、火成岩にともなうリン灰石（apatite：$Ca_5(PO_4)_3(F,Cl,OH)$）鉱床と堆積成リン鉱層とがあります。

前者は上部マントルの部分溶融により生成したマグマが上昇してできたアルカリ複合岩体やこれにともない分布するカーボナタイトという岩石中にリン灰石として分布するものであり、後者は深海水に多量に溶解したリン酸塩が、深海水の上昇により大陸棚に沈殿し、広くリン酸塩の堆積層を形成したものです。

世界のリン鉱の埋蔵量は750億トンといわれており、モロッコ、旧ソ連、米

国に大規模な鉱床があり，生産量は米国，旧ソ連，モロッコなどを中心に年間1億2000万トン以上にのぼります。

また，これとは別に，リン鉱の中には太古の海鳥の糞が積もってできた糞化石（グアノ）があります。これは海鳥の生痕の化石が地下資源となったもので，25％以上のリン酸石灰，10％の窒素，2～3％のカリを含み，重要な肥料の原料となります。雨の少ない洋島または海岸に産します。

（7） 硝石

硝石は硝酸塩鉱物よりなる窒素の鉱石であり，窒素肥料の重要な原料です。硝石は化学的には硝酸カリウム（KNO_3）がおもなものであり，水に溶けやすいので，雨量の非常に少ない地域に分布が限られています。

硝石で世界的に有名なのは南米チリの海抜約1000 m以上の地に産するチリ硝石です。これはソーダ硝石（$NaNO_3$）の鉱石であり，岩塩（$NaCl$）と共存しています。

チリ硝石は，かつては窒素肥料や火薬原料の大部分を占めていましたが，その後，化学合成による窒素やアンモニアの生産が増加し，窒素原料としての重要度は減少しています。チリ硝石の成因についてはいくつかの説がありますが，前述のグアノ起源のものや後述の蒸発岩起源のものが考えられています。

（8） 硫黄

硫黄（sulfur）は火山活動にともなう火山性硫黄や石膏（gypsum：$CaSO_4・2H_2O$）にともなうバクテリア還元硫黄，原油・天然ガスからの回収硫黄などがあり，いずれも単体として生成されます。鉱物学的には元素鉱物であり，斜方晶系のαイオウ，単斜晶系のβイオウなどがあり，その用途としては硫酸の原料がおもなものですが，ほかにゴムの加硫剤としても用いられています。

かつてわが国では，岩手県の松尾や群馬県の万座など，全国で火山性硫黄が採掘され，硫黄は輸出できるほど豊富な資源でしたが，戦後は硫酸の原料としても，加硫剤としても，原油や天然ガスからの回収硫黄が広く使われるようになり，天然硫黄の需要はなくなりました。現在，わが国では，硫黄鉱山からの

火山性硫黄の採掘はほとんど行われていません。

（9）蒸発岩

蒸発岩（evaporite）は海水の蒸発により海水に含まれる塩類が沈殿したものや，内陸性の塩湖の蒸発による沈殿が固結したもので，岩塩（halite），石膏，石灰岩，カリ岩塩（sylvite）などがあります。

コラム 3B

土 と 粘 土

　粘土というと粘土細工を思い起こす人が多いかもしれませんが，粘土は土壌を構成する重要な要素の一つであり，2μm以下の超微小粒子の粘土鉱物の集合体をいいます。粘土は本文にもあるように，陶磁器やセメントの原料として大量に用いられており，それ以外にも広い用途をもっています。

　紙の表面光沢を出すのに粘土は従来から用いられており，鉛筆の芯も黒鉛と粘土からできています。粘土の多いものは硬く，色がうすく（H），粘土の少ないものは軟らかく，色が濃い（B）鉛筆となります。そのほかにビスケットや胃腸薬にも粘土は入っており，風味を増したり，体の調子を整える作用があります。また，化粧品にも粘土はなくてはならない存在であり，口紅やファンデーションなど化粧品のノリの決めるのも実は粘土なのです。肌の美容に人気のある泥パックに使うのもモンモリロナイトという粘土鉱物です。

　土（土壌）はこのような粘土に微小の砂や礫が混ざってできたものですが，実は，これだけでは土とはいえません。岩石に含まれているカルシウムやカリウム，それにリン酸や窒素，さらにマグネシウムや鉄などの微量元素も養分として重要であるとともに，大気中の窒素を窒素養分に変えてくれるバクテリアなどの微生物をはじめミミズやモグラなどさまざまの生物の働きも加わってはじめて畑の土となることができるのです。

　土はその中の微生物の働きにより腐敗物を分解し養分に変え，水分の供給により生物を涵養する事ができるわけですが，近年の農業は化学肥料に依存し，このような土本来の力が失われつつあります。また，畑からの土壌の流出などもみられており，作物の生産力が落ちていることが報告されています。

　また，校庭がアスファルト化し，泥遊びをしたり，土に素足で接することの少なくなった子供たちが，アトピーや関節症になりやすいことも指摘されています。現代人はもう一度土というものをみつめ直す必要があるといえそうです。

岩塩はドイツ，オーストリア，アメリカなどに多量に産しますが，わが国ではこれまでのところ見い出されていません。岩塩は食塩として使用されるほか，塩素資源としても利用され，カリ岩塩は肥料原料として重要です*。

　石膏はわが国でも火山地域の亜硫酸ガスの多い火口付近で生成するものがあり，黒鉱鉱床から産するものもあります。米国では10m以上の厚い層がみられます。

　天然で産するこれらの蒸発岩に対して，人工的な蒸発岩として国内で生産されるものにマグネシア（MgO）があります。マグネシアは海水中のマグネシウムを水酸化マグネシウムとして沈殿させ，高温で焼結させることにより，純度の高い酸化物として回収するもので，製鉄所の転炉の耐火レンガなどに用いられています。わが国では海水から良質のマグネシアを年間約65万トン生産しています。

---

* 岩塩はその資源としての重要性から"白いダイヤ"と呼ばれたこともある。

4. エネルギー資源

　さまざまの物質の原料となるのが，鉱物資源などの原料資源であるのに対し，エネルギーを取り出し利用する資源がエネルギー資源です。

　現在私たちが利用しているエネルギー資源は大別すると，化石燃料資源，バイオマス資源，核燃料資源，そして，地熱，水力，風力，潮汐，太陽光などの自然エネルギーに分けることができます（第1章参照）。

　エネルギー資源のうち，化石燃料，バイオマス，そして（太陽光は当然として），水力，風力などの自然エネルギーも，そのエネルギーの源は太陽に由来します。また，潮汐は主として月の引力によるもので，これらのエネルギーはいずれも地球外（の天体）からのエネルギーであり，地球外部に由来するエネルギーといえるでしょう。化石燃料は太古の昔の太陽エネルギー，バイオマスや水力，風力は現在の太陽エネルギーということになります。それに対し，核燃料による原子力エネルギーや地熱エネルギーなどは，地球内部に存在する放射性核種の壊変エネルギーによるものであり，いずれも地球内部に由来するエネルギーであるといえるでしょう。

　また，エネルギー資源は，石油，石炭，天然ガス，水力エネルギー，地熱エネルギー，原子力エネルギーのように自然から採取されたままのものと，それらを加工，変換して得られる電力，石油製品，コークス，都市ガスなどの加工エネルギーに分けることができます。前者を一次エネルギー，後者を二次エネルギーと呼びます。

　電気はエネルギー資源としては二次エネルギーになりますが，さまざまの用途に利用され，エネルギー輸送もたいへん便利で，まさに現代の科学技術文明の中心的エネルギーとなっています。

　人類の文明は，さまざまの鉱物資源の活用とともに，化石燃料をはじめとする，これらのエネルギー資源を有効に利用し，活用することによって飛躍的な発展を遂げることができたのです。

　この章では，代表的な一次エネルギー資源について順次みていきます。

4.1 化石燃料とバイオマス

(1) 石油

　石油（petroleum）は現在最も大量に利用されているエネルギー資源であり，原料資源でもあります。1998年現在の推定埋蔵量は中東などのOPEC諸国や旧ソ連，中国など全世界で1 621億780万kℓとなっており，現在の世界の石油の年間生産量はおよそ37億6 900万kℓですので，このままのペースで使い続けた場合，可採年数*はおよそ43年程度と計算されます。

　わが国の石油産出量はごくわずかであり，その供給のほとんど（99.7％）を輸入にたよっています。わが国の全エネルギーに占める石油の割合は高く，年間の石油供給量は3億2 370万kℓ（1997年）にのぼり，高度経済成長期のピーク時にはエネルギー生産量の75％以上を占めていました。その後，二度の石油危機（オイルショック）を経て，原子力や天然ガスの割合の増加にともない，石油の占める割合は減少し，1990年前後に再びやや増加した時期がありましたが，現在では54％程度となっています（図4.1，図4.2）。

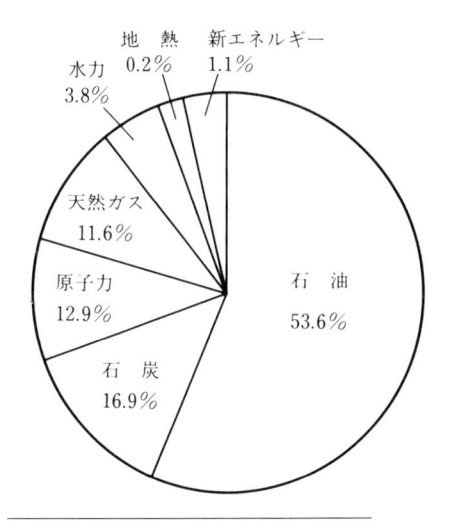

図4.1　わが国の一次エネルギー供給量の内訳

---

*　推定埋蔵量を平均年間生産量で割ったもの。

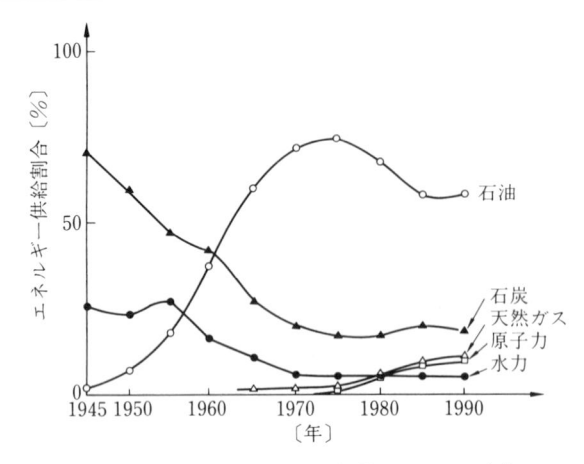

図 4.2 わが国のエネルギー供給のシェアの変化

　石油は減圧下で蒸留して，ナフサ（ガソリン），灯油，軽油，重油等に分別され，必要があれば改質（リホーミング）を施し，各種の用途に供されます。用途としては自動車用燃料（ガソリン・軽油）や航空機用燃料（灯油），船舶用燃料（軽油・重油），暖房用燃料（灯油）や発電用燃料（重油）等のエネルギー源として用いられるものが 90％ 以上であり，それ以外にエチレンやプロピレンなどの化学製品用の原料資源としても広く用いられています。

　石油は酸素の少ない海底で生物体がゆっくり分解し，炭水化物やタンパク質，脂肪などの分解生成物が縮重合を起こして生成したケロージェン（kerogen）という高分子が原料となっています。この数百万年前に生成したケロージェンが地下深く埋没して，熱分解してできた炭素数の多い（4以上）液体炭化水素の混合物が石油です。石油生成に際し，生物有機体が分解する過程では，硫酸還元菌などいろいろなバクテリアの働きがあることがわかっています。また，石油は生成して地殻を上昇する際に周辺に逃げていかないように不透過性の地層で覆われていること（トラップ構造）も必要です。

　石油を構成する炭化水素には大きく分けてパラフィン系炭化水素とナフテン系炭化水素があり，前者の多いものは比重が小さく，後者の多いものは比重が大きくなります。石油の比重は 0.78～0.95 で，平均比重は 0.93 程度です。

石油の燃焼による発熱量（燃焼熱）は1リットル当りおよそ9400 kcalで，1 kg当りおよそ10000 kcal≒41800 kJ，1トン当り$4.18×10^7$ kJであり，この石油1トンの発熱量と同じ発熱量をもつエネルギー資源の量を1 TOE（石油換算トン）といいます。

石油は液体であり，輸送・運搬が容易であることや，このあとに述べる石炭などに比べ純度が高く，発熱量も大きく，硫黄酸化物などの排出も少ないので，比較的環境にやさしい燃料資源ということができます。

石油はエネルギー資源として，世界のエネルギー需要全体の41％を占める重要な資源であり（図4.3），原料資源としても，合成繊維，合成ゴム，プラスチック，洗剤など数多くの合成化学製品の原料の90％を占めています。このような幅広い用途に利用できることから，石油は"黒い黄金"と呼ばれることもあります。

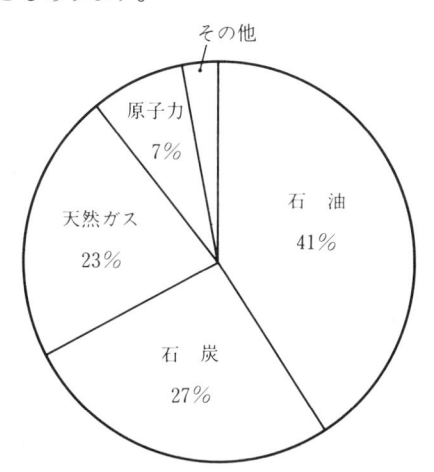

図4.3 世界の一次エネルギー供給量の内訳

（2） 石炭

石炭（coal）は18世紀に熱機関の燃料として，また，製鉄用のコークスの原料として大量に用いられ，産業革命のきっかけとなった化石燃料です。その後，化学工業の原料としても利用されています。石炭は化石燃料資源の中では中国やインドを筆頭に最大の埋蔵量9842億トン（1998年）をもち，可採年数も250年以上あるので，将来消費増加の見込まれる資源ですが，大気汚染や近

年の地球温暖化や酸性雨などの環境問題の原因となることが指摘されています。

現在の供給量は世界的にはおよそ38億トン/年（25億TOE/年）で，石炭が全エネルギー中に占める割合は27％，化石燃料資源中で30％程度ですが，中国などのように80％を占める国もあります。

わが国は石油の割合がやや高い（54％）のに対し，石炭の割合はやや低く17％程度です。わが国の石炭は現在国内需要の約97％を輸入に依存しており，1997年の輸入量は1億3600万トンに達し，石炭によるエネルギー供給量はおよそ9500万TOEとなっています。

現在，石炭は，エネルギー資源としては，熱や電気エネルギーに変換して利用され，原料資源としては熱分解して，コークス，ガス，タールなどに変えて利用されています。石炭は近年その埋蔵量の多いことや地域偏在性の少ないことなどから，世界的に需要は増大する傾向にありますが，硫黄酸化物（SO_x），窒素酸化物（NO_x），煤塵など，地球温暖化や酸性雨の原因物質のもとになる硫黄，窒素，灰分がそれぞれ1.5～3.5％，1～2％，10～20％程度含まれていることから，その使用に当たってはクリーンな形での利用技術が必要です。

また，石炭は固体であり，運搬・貯蔵等その利用にはいろいろな技術的困難がともないます。現在米国，西欧，日本などでそのクリーン化や液化などの研究（クリーン・コール・テクノロジー）が推進されています。

石炭は今からおよそ3億年程前に繁茂した太古の時代のシダ植物（わが国の石炭はやや異なる起源をもつ）中のセルロース（組成式は$C_6H_{10}O_5$）やリグニン（$C_{12}H_{18}O_9$）などの物質が酸素の乏しい状態でゆっくり分解し，腐植し，炭化してできたもので，腐植の際には腐植菌や糸状菌などのバクテリアが重要な働きをしたといわれています。

石炭はもとの植物体に比べると炭化により炭素の割合が大きくなっており，その炭化の進行度（炭素の含有量）によって，泥炭，亜炭，褐炭，歴青炭，無煙炭など品質による石炭の分類が行われています。その炭素含有量は泥炭や亜炭で70％以下，褐炭で70～80％，歴青炭で80～90％，無煙炭では90％以上となっています。

石炭の燃焼熱は炭化の進んだものほど大きく，褐炭で4 000～5 000 kcal/kg，歴青炭で5 000～6 500 kcal/kg，無煙炭で6 000～7 500 kcal/kgで，平均するとおよそ6 500 kcal/kgであり，石油の発熱量の65％程度（石炭1トンが0.65 TOE）となります。

石炭は，かつてわが国では高い生産量をもつ資源であり，主として燃料として広く利用され，"黒いダイヤ"と呼ばれたこともありました。

（3）天然ガス

天然ガスは燃焼による発熱量が大きく，近年発電や都市ガス用として広く用いられており，化学工業原料としても利用されています。天然ガスの供給量は年間生産量が約2兆3 000億 m^3（約23億TOE）で，化石燃料資源全体の25％強に当たります。世界の天然ガス埋蔵量は1998年現在でおよそ144兆 m^3（約1 437億TOE）ですので，可採年数はおよそ63年と計算されます。

わが国では天然ガスは，北海道や日本海沿岸地域を中心に，ある程度産出しますが，現在の使用量に対する輸入の割合は80％に達し，年間およそ4 800万トン（1998年）を輸入しています。使用割合は電力が72％，都市ガスが26％，工業用が2％程度となっています。

天然ガスの成因は石油の成因とほぼ同じで，太古の時代の下等生物が地下に埋没され，堆積が進むにつれて地熱やバクテリアの作用が加わり生成したものと考えられています。

天然ガスはメタンなど炭素数の少ない（3以下）ガス状態の炭化水素よりなり，それ以外に硫化水素や二酸化炭素や水分を含み，水素やアルゴンなどが微量に含まれています。したがって，それらをあらかじめ除去しておけば，石炭や石油のように SO_x や NO_x などの環境汚染物質を生成することなく，単位発熱量当りの CO_2 の発生量も小さく，クリーンな燃料となります。

水分の除去のために冷却法を用いた場合は，プロパンやブタンのような重質炭化水素が同時に液化して分離されますが，これは液化石油ガス（LPG）または液化天然ガス（LNG）として，運搬輸送に便利なため，広く利用されています。

天然ガスの発熱量はLNGでは約13 300 kcal/kgと大きく，石炭やコークスから生産される都市ガス（石炭ガス，水性ガス）や石油以上に火力のある燃料です。

（4） オイルシェール

オイルシェール（oil shale）とは石油のもとになったケロージェンという有機物質（前出）を高濃度に含む頁岩（油母頁岩）のことであり，非在来型の石油資源として注目されています。ケロージェンとは生物体を起源とする高分子量の有機化合物で，400～500°Cに加熱されると分解して，ガスやコークスとともに液状油が生じ，この液状油を精製すると石油によく似た燃料や潤滑油を得ることができます。

歴史的には，石油の使用はもともとこのオイルシェールからはじまっており，石油（petroleum）という名称もこのオイルシェールから得られたシェールオイルを意味しており，こちらのほうが古い歴史をもつのです。

オイルシェールの現在確認されている埋蔵量は原油換算で約3兆バーレル（bbl）で，およそ4 400億トン（4 400億TOE）ですが，現在のところ，中国など少数の国を除き，あまり利用されていないのが実状です。しかし，石油の枯渇が心配される今日，オイルシェールは最大の埋蔵量（2兆バーレル）をもつアメリカを中心にその価値が再び見直されつつあり，積極的な資源開発が進められています。将来，その利用が期待できるでしょう。

（5） オイルサンド

オイルサンド（oil sand）とはタールサンドとも呼ばれ，粘性の高い油分を大量に含んだ砂のことで，オイルシェールと同様，加熱精製して合成石油をつくり，利用されます。オイルシェールとならんで非在来型の石油資源として注目されています。

オイルサンドもオイルシェールと同様，膨大な埋蔵量をもちますが，現在確認されているオイルサンドの埋蔵量は原油換算で約2兆バーレル（bbl），およそ3 000億トン（3 000億TOE）といわれています。オイルサンドは現在のところ，その処理に大きなコストを要することから，最大の埋蔵量をもつカナダ

など一部の国を除き，あまり利用されていませんが，将来，石油がなくなり，石油の値段が高騰したときには，オイルシェールとともに，その利用が可能なエネルギー資源といえるでしょう．

（6） **バイオマス**

石油などの化石燃料は非再生的資源なので，永久に利用するというわけにはいきませんが，それに対し，再生的資源である生体物質をエネルギー資源（バイオ燃料）や原料資源や食糧資源として永続的に利用するのがバイオマス（biomass）です．バイオマスは植物，動物全般を指し，現在，地球上の動植物の現存量はおよそ1兆8 400億トンであり，潜在的にはこれらはすべてバイオマス資源ということになります．

バイオマスの代表例は光合成で生長する木です．木は，建築材料や紙をはじめ，柴や薪炭などのエネルギー資源としても古くから広く用いられてきましたが，その後，石炭や石油の利用がはじまるとともに，そのエネルギー資源としての利用量は急激に減少しました（次章参照）．

しかし，近年，化石燃料の枯渇問題や環境問題の深刻化とともにバイオマスに再び関心が向けられようとしています．実際的に用いられているバイオマスは主要なものとして，森林廃棄物としての木質バイオマスがあり，ほかに家畜の糞尿や雑草，未利用デンプンやクロレラなどの微生物も含まれます．

いま，エネルギー資源としてのバイオマスの燃焼反応をブドウ糖を例にとって示すと，おおよそつぎのようになります．

$$C_6H_{12}O_6 + 6\,O_2 \rightarrow 6\,CO_2 + 6\,H_2O + 2\,797.8\,\mathrm{kJ} \tag{4.1}$$

この反応におけるエンタルピー変化，エントロピー変化は

$$\Delta H = -2\,797.8\,\mathrm{kJ/mol} \tag{4.2}$$

$$\Delta S = 259.1\,\mathrm{J/(deg \cdot mol)} \tag{4.3}$$

となり，自由エネルギー変化は

$$\Delta G = -2\,797.8 + 298 \times 259.1/1\,000 = -2\,875.0\,\mathrm{kJ/mol} < 0 \tag{4.4}$$

となります．木（セルロース）やデンプンの燃焼もほぼ同様で，これは炭水化物が燃料として利用できることを示しています．

わが国でもその昔，木炭車という自動車が走っていましたが，これは薪炭を燃料とする自動車でした。

バイオマスの燃焼熱は乾燥バイオマスの場合で1 kg当り4 200 kcal程度であり，1トンでは420万kcal（1 760万kJ）で，石油に換算すると0.42トン（0.42 TOE）になります。石炭1トンが約0.65 TOEですから，石炭に比べると単位重量当りの燃焼熱はおよそ6〜7割程度ということになります。

バイオマスは二酸化炭素を発生しますが，再生してやることにより二酸化炭素を固定化できるので，大気中の二酸化炭素濃度の増加にはつながりません。その意味でバイオマスは環境にやさしいエネルギー資源であり，エネルギー資源としては次節に述べる自然エネルギーに含めることが多くなっています[*]。

なお，石油や天然ガス，そして石炭などの化石燃料は過去のバイオマスであり，それを現在エネルギー資源として利用していることになります。

4.2 自然エネルギー

化石燃料が枯渇した場合の代替エネルギーとしてその利用が検討され，実用化されているものに，一連の自然エネルギーがあります。

自然エネルギーには太陽，水力，風力，潮汐，地熱エネルギーなどがありますが，廃ガスを出し環境汚染のともなう石油や石炭，また，安全性に問題のある原子力に比べるとクリーンで安全なエネルギーです。しかも燃料費はいずれも無料であり，その利用には大きな期待がかけられています。以下，これらについてみていきましょう。

（1）太陽エネルギー

太陽光のエネルギーを利用するものとしては太陽熱発電と太陽光発電があります。わが国では石油危機をきっかけとして昭和49年3月にサンシャイン計画が発表され，公害など環境問題の解決と同時に新エネルギー技術の利用開発の一環として，太陽エネルギー利用技術の研究開発が推進されてきました。

---

[*] わが国でも最近（1999）バイオマスは自然エネルギーとみなされるようになっている。

太陽熱発電は太陽光を鏡を用いて一点に集光させ，高温を得て，高温水蒸気により発電を行うものです。この太陽熱発電としては，かつて日照時間日本一の香川県の仁尾町で開催された太陽博（1983）でタワー集光方式の太陽熱発電プラントが組まれ，注目を集めました。

　しかし，この方式では建設コストが高い上に，太陽光を追尾するための鏡の移動（ヘリオスタット）に大きな電力を要するという欠点があります。また，もう一つの方式である鏡による曲面集光方式のプラントではあまり高温の蒸気が得られず，この両プラントで得られた電気は計 2 000 kW 程度であり，余剰の電力を生むことができませんでした。それに加え，天候の影響を大きく受け，夜間の運転は不可能という難点もあります。

　このような経緯で，太陽熱発電は現在わが国では実用化されていませんが，米国では天然ガスを併用して太陽熱発電を行い，40 万 kW 以上の電力を生み出しています。

　一方，太陽光発電は太陽熱発電と異なり，太陽光エネルギーを直接電気エネルギーに変換するものです。この方式では発電の際に熱エネルギーを経由しないためエネルギー変換効率が大きくなるという利点があります。発電は P 型シリコン電池を用い直流電流を得るものですが，交流にしたい場合はインバータにより交流変換をして利用します。このような太陽光発電に用いる電池を太陽電池といいます。

　この方式の問題は大規模な発電ができないということと，太陽熱発電と同様，天候の影響を受け，夜間の運転もできないこと，それに発電に用いる太陽電池の性能や発電コストの問題です。

　太陽電池には結晶型と非晶質（アモルファス）型があり，結晶型のほうが性能が良いがコストが高くなります。現在の電池のエネルギー変換効率は交流変換を含め 10 ％ 程度ですが，これをどの程度高めるか，また，電池の耐用年数をいかに高めるかが今後の重要な課題です。

　実際，太陽電池で各家庭の電力をまかなおうとすると，わが国の場合，1 人当りおよそ 120 m^2（全エネルギーならば 300 m^2）の面積が必要になり，屋根

や壁をフルに使っても足りないのが実状です。現在，わが国で行われている太陽光発電は，家庭用などの詳細は不明ですが，およそ2 000 kW程度とされており，まだまだわずかといえます。

(2) 水力エネルギー

水力エネルギーは水の位置エネルギーを利用したもので，比較的古くから利用されていた自然エネルギーです。水力発電の燃料は自然循環型の水なので，太陽光エネルギーと同様に，燃料は無尽蔵かつ無料であり，また，クリーンなエネルギーといえます。

水力エネルギーを利用した水力発電は，かつてはわが国の電力エネルギー供給の中心であり，火力発電が全供給量の2割程度であったのに対し，水力発電は8割を占めていました。しかし，水力発電はダムなどの建設に長い期間と大きなコストがかかるという難点があり，そのため，エネルギー需要が飛躍的に増加した高度成長期に，建設コストが安く建設期間も短い火力発電に主役の座を明け渡しました。

現在のわが国の電力供給量は，1997年度で火力発電が4 749億 kWh で，総発電量の53.2％を占めているのに対し，水力発電は943億 kWh で総発電量の10.6％であり（図4.4），一次エネルギーの供給量に占める水力発電の割合

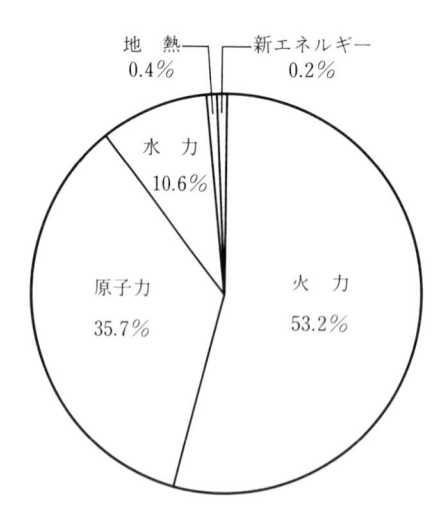

図4.4 わが国の電力供給量の内訳

は 3.8 ％ 程度です（図 4.1）。なお，**図 4.5** に火力発電に用いる燃料の内訳を示しました。

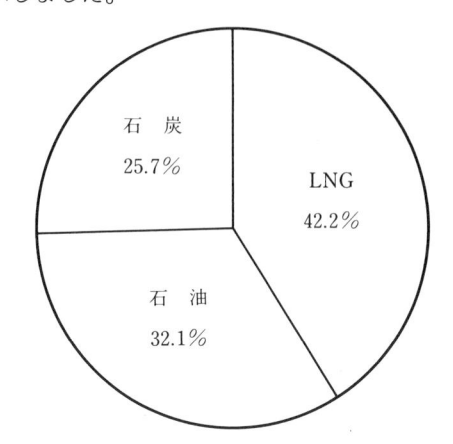

石炭 25.7％
LNG 42.2％
石油 32.1％

図 4.5 わが国の火力発電の内訳

水力エネルギーは余剰電力を揚水に利用し，電力エネルギーを蓄えることができるというメリットがあります。

（3）**風力エネルギー**

風力エネルギーは運動する空気（風）の運動エネルギーを利用したものであり，古くは水上輸送の帆船の動力源として用いられていました。これを陸上で風車（風力タービン）を回し電気を起こして利用するのが風力発電です。風力発電は自然の風を利用するだけなので，燃料は無料であり，クリーンなエネルギーといえます。

しかし，この方法での風車 1 台当りの発電量は数十～数百 kW 程度で，大きいものはおよそ 400 世帯の電力をまかなうことができるといわれていますが，1 台当りの設置コストが高く，大きな発電量を得ようとすれば，大きな敷地面積の土地と資金が必要です。

風力発電は太陽光発電と異なり，夜間を含め 24 時間の発電が可能であり，曇りや雨でも風さえ吹けば発電が可能ですが，大規模発電が難しいことや，立地条件による差が大きく，一定電圧を得ることが難しいという欠点もあります。しかし，離島や山間部など都市からの遠隔地では，地域の電力をまかなうものとして，太陽光発電とともにおおいに利用できる可能性があります。

風力発電は米国やデンマーク，オランダなどでかなり行われており，1994年の時点で，米国でおよそ163万kW，デンマークでおよそ50万kWが運転中であり，最近ではドイツが急速に伸び，300万kWの風力発電量を達成しています．

わが国では1999年現在で130台の風車が動いており，発電量は5万kW程度ですが，現在も活発に研究・開発が行われています（図4.6）．

図4.6 風力発電のための試験用風車（風車は高さ30m，プロペラの径は28〜29mで，1基の定格出力は275〜300kW）（青森県竜飛ウィンドパーク：東北電力提供）

(4) 潮汐エネルギー

潮汐エネルギーは海洋エネルギーの一種で，海水の位置エネルギーを利用したものです．海洋エネルギーを利用した発電には，ほかに海水の運動エネルギーを利用した波力発電や海洋の熱エネルギーを利用した海洋温度差発電などがありますが，現在のところ，世界的にも利用された実績をもつのはこの潮汐エネルギーによる発電のみです．

潮汐は月の引力および太陽の引力によりもたらされます．海洋は地球の引力により地球上に引きつけられていますが，その引力は地球と月を結ぶ方向では

月の引力により一部相殺され小さくなります。そのため，その方向では海面が高くなり（満潮），その直角方向で，海面が低くなります（干潮）。また，月の方向に太陽が重なったときは月の引力効果に太陽の引力効果が加わり大潮となり，太陽が月と直角方向に来たときは，月の引力効果から太陽の引力効果が差し引かれ，小潮となります。

このような潮の干満の差で生じた潮の流れを発電に利用したものが潮汐発電であり，干満の差が大きいほど大きな発電量を生み出すことができます。潮汐発電は潮の干満の差が大きい一部の国で実施されていますが，わが国ではまだ実用化されていません。

(5) **地熱エネルギー**

地球は内部になるに従って温度・圧力が増し，中心部の核はおよそ4 000 K，300万気圧以上の高温高圧の溶融体です。この熱は地球の生成後，その構成元素のうちの放射性核種の壊変によるエネルギーが蓄積したものであると考えられています。

このような地球の内部エネルギーが表面に現れたのが，火山や温泉であり，その熱エネルギーを地熱エネルギー（geothermal energy）と呼びます。地熱発電はこの地熱エネルギーより得られる高温の水蒸気を使ってタービンを回し，発電に利用するものです（図4.7）。

地熱発電所一か所当りの発電量は，最大でも5万kW程度であり，火力発電や原子力発電に比べるとその規模はさほど大きいものではありません。現在運転中の地熱発電は世界全体で約600万kW，わが国では約30万kW程度であり，年間電力供給量は，わが国の場合，1997年現在で約36億kWhで，一次エネルギー供給量の0.2％（図4.1），総電力供給量の0.4％程度（図4.4）です。

地熱発電は地下より取り出す水蒸気に硫化水素や硫酸など，ほかの火山ガスや酸性物質が混ざっているため，環境汚染の問題や発電機器の腐食やスケール生成などの問題があり，そのための対策が必要です。

また，わが国では地熱発電所は国立公園内あるいはその近くに位置するた

図4.7 地熱発電所の概観（福島県柳津西山地熱発電所：東北電力提供）

め，その開発を含め，利用に当たっては周辺環境に十分な配慮を払う必要があります。

4.3 核燃料と原子力

（1） 原子力発電

現在の原子力発電はウラン235（^{235}U）の核分裂により放出される核エネルギーを利用したものです。

元素は陽子の数（原子番号）によって特徴づけられますが，天然には同じ元素でも中性子の数が異なるために異なる質量数をもった原子が存在します。これが同位体（isotope）です。天然における同位体（核種ともいう）の存在割合は元素により決まっており，ウランの場合，^{235}U，^{238}U，^{239}Uなどの同位体がありますが，放射性である^{235}Uの存在割合は0.7％程度で，発電ではこの^{235}Uを3％程度にまで濃縮して使用します。

^{235}Uが核分裂する際に発生する核エネルギーは，同じ重さの石炭を燃焼させる際に発生する熱エネルギーのおよそ300万倍以上になります。すなわち，

4.3 核燃料と原子力

　原子力発電はわずかの核燃料資源で莫大なエネルギーを得ることができる発電システムなのです。

　わが国の場合，原子力発電による電力供給量は1997年の時点で3 183億kWhで，総電力供給量の35.7％（図4.4）とほぼ3分の1を占めており，一次エネルギー供給量の12.9％（図4.1）を占めるまでになっています。わが国は米国，フランスに次ぐ原子力発電大国でもあります。

　しかし，地殻中のウランの存在度は1.8 ppmであり，核燃料資源の埋蔵量もそう大きくはなく，可採年数も55年程度でしかありませんので，原子力も永遠のエネルギーというわけにはいきません。

　また，原子力エネルギーは廃ガスとしての環境汚染物質を発生しないという点ではクリーンなエネルギーといえますが，使用済み燃料としての放射性廃棄物の処分の問題や，かつてスリーマイル島やチェルノブイリで起こった事故のような放射能汚染の危険性もはらんでおり，世界的には原子力エネルギーのエネルギー全体に占める割合（1998年現在で7.3％）は頭打ちの状態にあります。

　わが国でも，1999年秋に核燃料製造会社で爆発をともなう放射能漏れ事故が起きており，原子力発電のもつ危険性があらためて浮き彫りとなりました。

（2）　高速増殖炉

　有限な核燃料としての^{235}Uに代わる核燃料として，^{235}Uの核反応の際に生じる中性子を用いて，^{238}Uから放射性のプルトニウム239（^{239}Pu）を，あるいはトリウム232（^{232}Th）からウラン233（^{233}U）を生成させ，有効利用するための技術が高速増殖炉による核燃料サイクルです。

　高速増殖炉は燃やした燃料以上のプルトニウムを生成することができるので，これが実現すれば半永久的な原子力エネルギーの利用が可能ということになります。かつては夢の原子炉ともいわれ積極的な推進がなされました。

　わが国でも1994年に高速増殖炉「もんじゅ」が臨界に達し，その利用の道が開かれましたが，海外でナトリウム漏れの事故が相次ぎ，わが国でも1995年にナトリウム漏れ事故，1997年には核燃料再処理工場の爆発炎上事故，そ

して，1999年に一次冷却水漏れ事故など，予期せぬ事故が相次いで起きています。

また，このような事故による危険性とともに，増殖炉で生成するプルトニウムの核兵器への転用の危険性もあることなどから，高速増殖炉は一部の国を除き*，世界的には撤退傾向にあります。

コラム 4A

エネルギーの単位

　本文中にも示したように，エネルギー資源はその単位として，石炭や天然ガスであっても，その燃焼による発熱量をすべて石油の燃焼によるものとして，石油換算のキロリットルやトンで表現することがあります。石油1リットルの発熱量はおよそ9400 kcalであり，1 kgでは約10 000 kcal，1トンでは1 000万kcal≒4 180万kJで，これだけの熱量を出す燃料の量を1石油換算トン（TOE）といいます。石炭1トンはおよそ0.65 TOEであり，天然ガスの場合はその倍で1トン≒1.3 TOEです。また，ウラン鉱の場合は少々桁が違ってきて，ウラン1トン≒2 000 000 TOEとなります。

　また，自然エネルギーのようなエネルギーは電気エネルギーに換算すると便利です。電気エネルギーは電力×時間で表されますが，電力とは単位時間になす仕事であり，仕事率に当たるもので，その単位にはW（ワット）を用います。1 W=1 Js^{-1}であり，通常よく用いられるのはkWです。

　また，電力に時間をかけることによって得られる積算エネルギーすなわち電力量は，いわゆる使用電力量であり，単位はkWh（キロワット時）などが用いられます。

　さて，石油1リットルから得られる電気エネルギーといえばどのぐらいになるのでしょうか。石油1リットルの発熱量は約9 400 kcalですが，この熱エネルギーはつぎのようにして電力量に換算されます。

　　　9 400 kcal＝39 300 kJ≒11 kJ/sec×3 600 sec＝11 kWh

　すなわち，石油1リットルは11 kWの電力を1時間使ったときの電力量になります。ただし，石油による発電効率は38％程度なので，実際に得られる電気エネルギーは4.2 kWh程度となります。

---

* 高速増殖炉の実用化をめざしているのは，現在ではわが国とフランス，ロシアだけである。

4.3 核燃料と原子力　**73**

わが国では，当面の発電様式として従来の原子炉でプルトニウムを ^{235}U と混ぜて使うプルサーマル方式が採用されようとしていますが，高速増殖炉による発電は，これまでの事故の原因も完全に究明されておらず，現在でも実用化のめどは立っていないというのが現状です。

（3）　核融合

核融合は重水素を融合させ，ヘリウムを生成する反応の際に発生する核融合エネルギーを取り出し利用するものです。いわば人工的に太陽をこの地上につくり出すものといえるでしょう。

しかし，超高温での核融合反応の技術はそれを支える融合炉自体の安全性にまず大きな問題があり，その制御・管理も難しく，まだまだ多くの課題をかかえていますので，その実現化はきわめて困難（無理）といえるでしょう。

そのような中，数年前突然旋風を巻き起こした常温核融合反応は，常温で核融合が可能であるというものであり，従来の問題点を解消するものとして，私たちに大きな期待と希望を懐かせましたが，その後，実験的にも理論的にもまったくの誤りであることが判明し，期待はずれに終わったことは記憶に新しいところです。

最近，岐阜県にわが国最初の核融合の研究施設が建設されつつありますが，実用化の可能性はほとんどないにもかかわらず，このような研究施設に多額の予算をかけるのは，理学的な基礎研究の意味はあるにしても，この景気低迷の中，予算の無駄使いとのそしりを受けてもしかたがないところでしょう。

5. 資源・エネルギーの消費と廃棄物

　私たち人類の文明は，古代のエジプトやメソポタミア，中国，インドなどにはじまるといわれていますが，その文明の背景には鉱物資源や森林資源など，数々の有用な資源の発見や利用があったことが知られています。そして，そのような資源を有効に利用する中で人類は幾多の技術を生み出し，生産性を高め，輝かしい文明を築いてきたのです。

　とりわけ，18世紀の石炭の使用にはじまる化石燃料資源を用いた近代科学技術文明は，人類の生活や産業形態を大きく変える画期的なものでした。そして，20世紀に入り，科学技術文明は石油利用の時代となり，石油化学工業や大量生産システムの出現とともに飛躍的な発展を遂げ，大量の物質生産，エネルギー生産とともに，大量の物質消費，エネルギー消費の社会を人類にもたらすことになりました。そして，それが世界人口の急激な増加を生むことになるのです。

　本章では，こうしたこれまでの人類の鉱物資源やエネルギー資源の利用の歴史をたどりながら，現在の物質消費，エネルギー消費の状況を概観するとともに，現在の大量の物質消費が不可避的にもたらす大量の廃棄物の排出状況などについて考えてみたいと思います。

5.1　資源・エネルギー消費の変遷

　まず，人類の資源利用の歴史をふりかえってみましょう。古代の狩猟時代においては人類は石や木や草を材料として自らの手で道具や住居をつくり，暖房や炊事にはエネルギー源として森林のバイオマスを採取して利用しました。そして，労働力源は自らの手や足（人力）でした。

　その後，農耕文明の時代に入り，人類は人力に加えて，牛馬をはじめとする家畜を労働力源として用いるようになり，風力や水力も利用するようになりま

す。やがて，金属の使用がはじまり，薪や木炭を用いた製錬技術や金属加工技術，木工技術等が発達し，労働力や輸送力にも大きな変化が現れました。それが農耕定住生活における生産力の向上をもたらし，人口の増加につながっていくのです。

しかし，人口の増加や家畜の増加は，一方で木材（薪炭等）や牧草の使用量を急速に増加させ，山野の木々の大量伐採や牧畜による草原の拡大をもたらします。そして，それはやがて森林を破壊し，はげ山や荒れ地を生み出すことになり，社会的な問題となっていくのです。

18世紀に始まる化石燃料のエネルギー資源としての利用*は，このような閉塞した状況を大きく変革するものでした。薪炭に代わって石炭が燃料として大量に使用されるようになり，大規模な製鉄による鉄の大量生産が機械化を促進し，牛馬や人間の労働は新しく考案された熱機関により代行されることになります。そして，動力源は質・量ともに一変するのです。これが産業革命のはじまりとなります。

石炭の使用は木材の使用量を減少させ，野山の木や草を保護し，森林を護ることにもなりました。石炭の使用は単なる生活様式，生産様式の変革のみならず，環境保護にもおおいに貢献したのです。石炭に続いて，19世紀後半には同じ化石燃料の石油の利用がはじまり，いよいよ石油文明の幕開けとなります。

石炭や石油の利用により，蒸気機関車や蒸気船などの蒸気機関が生まれ，ガソリンエンジンやディーゼルエンジン等の内燃機関が考案され開発されました。それらは自動車，船舶，航空機などに広く活用されていきます。

また一方で，新たなエネルギー形態としての電気が登場しました。電気はそれまでのろうそくやランプに取って替わり，照明に革命をもたらすと同時に通信機器などにも利用されるなど幅広い使用用途をもち，エネルギー輸送形態としても画期的なものでした。さらに，電気機関車やジェットエンジンによる大型のジェット旅客機など，さまざまの輸送機関が開発，改良され，世界中に普

---

* 石炭も石油も古代にすでに発見されていた。

及していきます。このことにより人類は，国内はもとより全世界を短時間で自由に行き来したり，通信で結ぶことができるようになります。そして，電気はまさに華々しい科学技術文明の中心的存在となっていくのです。

このようなさまざまの動力機関や日用機器の開発は必然的に石油の生産をはじめ鉄鋼や銅，アルミニウムなどの金属資源の需要を促しました。二十世紀に入ると，石油を用いた合成化学製品も大量に生産され，これらを材料とした衣料品やラジオやテレビ，洗濯機などの電気製品や日用品など多種多様の製品が開発され，大量生産システムのもとに各家庭に急速に普及していきます。また，建物も鉄筋コンクリートのビルディングなど大型化し，エレベーターやエスカレーターなどもデパートやオフィスビルの増加とともに広く普及していくのです。

これが家庭レベルの，そして社会全体の資源・エネルギー消費を飛躍的に増加させることになります。それまで薪やろうそくで済ませたものが，ガソリン，電気，ガスなど大量のエネルギー消費に移行し，また原料資源のほうも自動車や電気製品など各種工業製品の大量生産のために大量消費の方向へと変遷していくのです。そして，世界全体で消費する資源・エネルギー量は以前とは比較にならないほど巨大なものに成長していくのです。図5.1に世界の資源消費量と人口の推移を示しました。

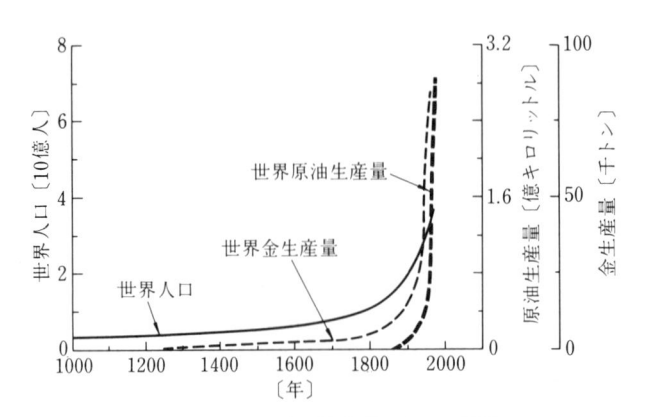

図5.1 世界の資源消費量と人口の推移

5.2 現在の資源・エネルギー消費

地球上には，現在およそ58億人*の人間が生活を営んでおり，大量の食糧や工業製品が日々生産され，消費されています。そのために大量の化石燃料や鉱物資源が新たに採掘され消費され，現在の地球全体で消費する資源量はかつての時代とは比較にならないほど大きなものになっています。

ここでは現在の資源消費の状況を金属資源消費とエネルギー資源についてみていきましょう。

5.2.1　金属資源消費

人類の金属消費量が，その種類とともに，量的に大きく増加したのは産業革命期の1800年以降ですが，とりわけ二十世紀に入ってからの伸び率が大きく，第二次世界大戦後は指数関数的な増加を示しました。

現在，鉄や銅などの主要金属の消費量はようやくその増加がおさまりつつありますが，代表的な金属である鉄の生産量についていえば，1860年代に1000万トンを超えたものが，二十世紀に入り，1927年には1億トンを超え，1959年に3億トンを，1968年には5億トンを超えるという急速な増加を示しています。現在の鉄の生産量はようやく最盛期を過ぎつつあり，年間4億2000万トン（1997年）程度となっています（**表5.1**）。

その他の金属では，鉛が1910年までに100万トンを超え，銅や亜鉛も1910年代前半で100万トンを超えました。アルミニウムは電気溶融法を用いるため少し遅れますが，1940年代には100万トンを超えます。いずれも，その後さらに増加し，現在の年間生産量は上記の値を大きく上回るものとなっています（表5.1）。**図5.2**に1人当りの鉱物資源消費量（年間）の変化を示します。

さて，鉄の生産量は人間1人当りになおすとどれくらいになるのでしょうか。現在の世界の鉄の生産量は年間で4億2000万トンですから，世界人口を

---

*　世界の人口は1999年10月の時点で60億人を越えた。

5. 資源・エネルギーの消費と廃棄物

表 5.1 金属鉱物資源の推定埋蔵量と可採年数

資源の種類	埋蔵量〔トン〕	年間生産量〔トン〕	可採年数〔年〕
鉄	2 660 億	4 億 2 300 万	629
銅	6 億 3 000 万	1 142 万	55
鉛	1 億 2 000 万	279 万	43
亜鉛	4 億 3 000 万	708 万	61
マンガン	50 億	2 244 万	223
アルミニウム※	280 億	1 億 2 645 万	221
チタン	7 億	280 万	250
スズ（錫）	1 000 万	21 万	48
ニッケル	1 億 4 000 万	102 万	137
クロム	360 億	809 万	4 450
コバルト	900 万	24 130	373
金	26 000	1 385	19
銀	17 万	12 150	14

※ アルミニウムはボーキサイトで計算

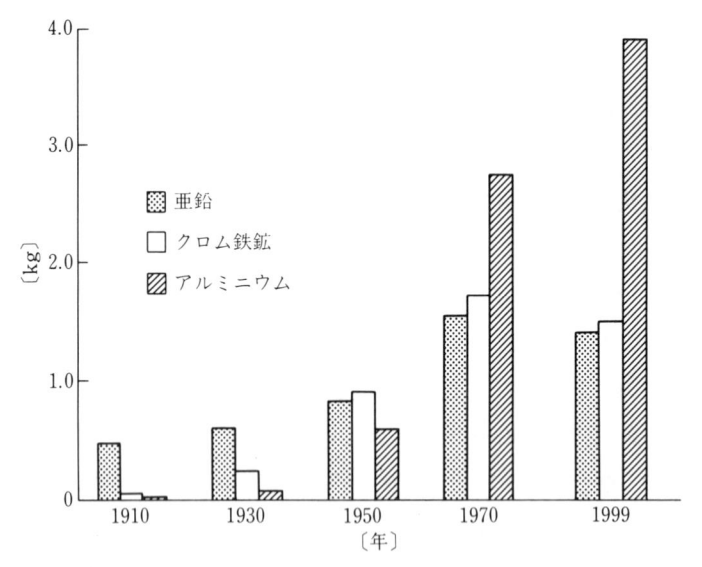

図 5.2 1人当りの鉱物資源消費量の変化
(B. J. スキンナー，1976 に追加)

58 億人とすると，1人当りは

$$4.2 \text{億トン/年} \div 58 \text{億人} \fallingdotseq 0.072 \text{トン}/(\text{人}\cdot\text{年})$$
$$= 72 \, \text{kg}/(\text{人}\cdot\text{年}) \tag{5.1}$$

となります．これは世界中の人間1人1人が，自分の体重あるいはそれ以上の鉄を毎年生産し消費していることになります．

また，わが国の場合は，鉄の年間生産量はおよそ7000万トンであることから，1人当りは

$$0.70\text{億トン/年} \div 1.2\text{億人} \fallingdotseq 0.58\text{トン}/(\text{人}\cdot\text{年})$$
$$= 580\,\text{kg}/(\text{人}\cdot\text{年}) \tag{5.2}$$

となり，日本人は1人当り世界平均の8倍量，毎年体重の10倍近い量の鉄を生産していることになります．これは世界一の鉄生産量です．

また，アルミニウムは現在鉄に次いで多く利用されている金属ですが，生産量は世界で年間およそ2200万トンに達し，1人当りの年間使用量は

$$2200\text{万トン} \div 58\text{億人} \fallingdotseq 3.8\,\text{kg}/(\text{人}\cdot\text{年}) = 3800\,\text{g}/(\text{人}\cdot\text{年}) \tag{5.3}$$

となります．これは1円玉になおすと3800枚に相当します．350 ml の容量のアルミニウム缶1個の重さは約16 g ですから，3800 g はおよそ240個分になります．アルミニウムの用途はアルミ缶だけではありませんが，かりに毎日缶ビールを1缶飲むとすると，これだけでアルミニウムはたりないことになります．また，アルミニウムを製造するには電気溶融法を用いるため，1トン当り21000 kWh という多量の電力量が必要で，1円玉1個（1 g）つくるのに 21 Wh の電力量が必要です．1円をつくるのには1円以上かかります．

このような事情により，近年アルミ缶の代替容器としてスチール缶や紙パックが用いられ，アルミ缶のリサイクルが広く行われるようになっています．アルミニウムのリサイクルには熱溶融法が用いられますが，この方法であれば1トン当りの製造に要する電力は590 kWh 程度であり，鉱石から電気溶融法で製造する場合に比べ，わずか2.8％の電力で済むのです．アルミニウムはリサイクルをすることで資源を節約することができ，エネルギーも大幅に節約すること（節電）ができるのです（第7章参照）．

スチール缶はアルミ缶のおよそ2倍の重さですが，製造コストが安いので，アルミ缶の代用として値段の安い清涼飲料水を中心に広く用いられるようになっています．現在，アルミ缶の用途は，缶ビールなどの酒類が中心でありだん

だんと限定されるようになってきています*。

5.2.2 エネルギー資源消費 ◇◇◇◇◇◇◇◇◇◇◇◇◇◇◇◇

つぎにエネルギー資源についてみてみましょう。現在の世界のエネルギー消費量は，石油換算で年間約88億kℓです。これは石油換算トンになおすと80億TOEになりますが，その内訳（1997年）は一次エネルギー供給量の割合でいえば，およそ，石油41％，石炭27％，天然ガス23％，原子力7％，水力2％であり（図4.3），化石燃料だけで90％以上を占めています。

そのうち，石油への依存度は1974年と1979年の二度の石油危機を経て，その後はやや減少傾向であり，その代わりに，1973年には1％に満たなかった原子力の割合が増加し現在では7％以上を占めています。その原子力も現在では頭打ちの状態にあり，最近では石炭や天然ガスの割合が伸びつつあります。

一方，わが国においては，エネルギー需要は高度経済成長期の1960年代から1970年代にかけて年に10％強の割合で増加しました。そして，上述の二度の石油危機を契機に，省エネルギーやエネルギー利用の効率化政策がかかげられ，一時的にエネルギー消費の増加は抑えられましたが，1987年以降再び増加しています。

1997年度におけるわが国のエネルギー消費量は石油換算で3.96億kℓ（3.7億TOE）であり，その内訳は，石油53.6％，石炭16.9％，天然ガス11.6％，原子力12.9％，水力3.8％，その他1.3％となっており（図4.1），世界平均に比べ，石油や原子力，水力の割合が高くなっています。わが国のエネルギー供給はその79％を輸入に頼っていますが，わが国は米国，旧ソ連，中国についで世界第四位のエネルギー消費大国となっています。

わが国の一次エネルギーの種類別供給量の変化はすでに図4.2に示したとおりですが，図5.3にわが国のエネルギー消費の用途別内訳を示しました。

さて，世界の一次エネルギー消費量88億kℓ/年（80億TOE/年）を1人当

---

* アルミ缶はアルツハイマー病の原因になるという説もある。

5.2 現在の資源・エネルギー消費

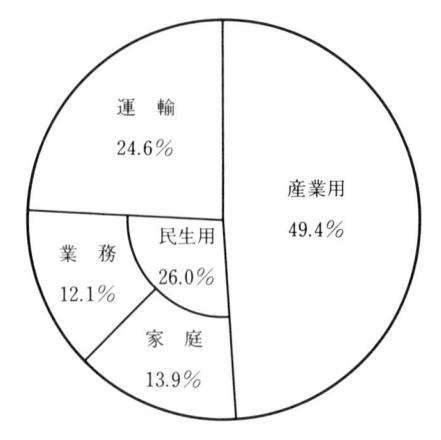

図5.3 わが国のエネルギー消費の用途別内訳

- 運輸 24.6%
- 産業用 49.4%
- 民生用 26.0%
  - 業務 12.1%
  - 家庭 13.9%

りに直してみましょう。世界の人口を58億人(1997年)とすると，1人当りのエネルギー消費量は，年間で

$$88\text{億 k}\ell/\text{年} \div 58\text{億人} \fallingdotseq 1.52\text{ k}\ell/(\text{人}\cdot\text{年}) = 1\,520\,\ell/(\text{人}\cdot\text{年}) \quad (5.4)$$

であり，1日当りは

$$1\,520\,\ell \div 365\text{日} \fallingdotseq 4.2\,\ell/(\text{人}\cdot\text{日}) \quad (5.5)$$

となります。すなわち，世界中の人間が毎日1人当り消費するエネルギーは石油換算で4.2ℓということになるのです。

また，世界のエネルギー消費速度を電力に換算してみましょう。すでに出たように，石油1ℓは電力量でいえば11 kWhであり，人類の一次エネルギーの年間消費量を石油に換算した88億kℓ/年を，電力になおすとつぎのようになります。

$$11\text{ kWh}/\ell \times 88\text{億 k}\ell/\text{年} = 11\text{ kWh} \times 88\text{億} \times 1\,000/(365 \times 24\text{ h})$$
$$\fallingdotseq 110\text{億 kW} \quad (5.6)$$

これを1人当りになおすと

$$110\text{億 kW} \div 58\text{億人} \fallingdotseq 1.9\text{ kW}/\text{人} \quad (5.7)$$

ということになります。これは

$$1.9\text{ kW}/\text{人} \div 100\text{ W}/\text{個} = 19\text{個}/\text{人} \quad (5.8)$$

で，1人が100 Wの電球を19個連続的に使用していることに相当します。また，1人が1日当りに消費するエネルギーを熱量になおしてみると

$$1.9 \text{ kJ/sec} \times 60 \text{ sec/min} \times 60 \text{ min/h} \times 24 \text{ h/日} \fallingdotseq 164\,000 \text{ kJ/日}$$
$$\fallingdotseq 39\,000 \text{ kcal/日} \tag{5.9}$$

となります。これは1人の人間が食物摂取により必要な熱量(約2000 kcal/日)の20倍近い量になります。しかも,ここでの計算はあくまでも世界の平均であり,先進国の1人当りのエネルギー消費量はこれよりさらに大きなものとなります。

ちなみに,日本人1人当りの一次エネルギー消費量をみてみましょう。まず,1人当りのエネルギー消費量は,石油換算でいうと

$$3.96 \text{億 k}\ell/\text{年} \div 1.2 \text{億人} \fallingdotseq 3.3 \text{ k}\ell/(\text{人・年}) = 3\,300 \ell/(\text{人・年}) \tag{5.10}$$

となり,1日当りは

$$3\,300 \ell/(\text{人・年}) \div 365 \text{日/年} \fallingdotseq 9.0 \ell/(\text{人・日}) \tag{5.11}$$

となります。

また,わが国の一次エネルギー消費量(3.96億 kℓ/年)を電力に換算すると

$$11 \text{ kWh}/\ell \times 3.96 \text{億 k}\ell/\text{年} = 11 \text{ kWh}/\ell \times 3.96 \text{億} \times 1\,000 \ell/(365 \text{日} \times 24 \text{h/日})$$
$$\fallingdotseq 5.0 \text{億 kW} \tag{5.12}$$

となり,1人当りは

$$5.0 \text{億 kW} \div 1.2 \text{億人} = 4.2 \text{ kW/人} \tag{5.13}$$

となります。これは日本人1人当りが100 Wの電球42個分のエネルギーをつねに消費していることに相当します。これを熱エネルギーになおすと,1日当りは

$$4.2 \text{ kW} \times 60 \times 60 \times 24 \text{ sec} \fallingdotseq 360\,000 \text{ kJ}$$
$$\fallingdotseq 86\,000 \text{ kcal} \tag{5.14}$$

となり,1人当りが食物摂取により必要な熱量のおよそ40倍となります。

なお,私たち日本人が使っている電力消費量は年間7915億 kWh(1997年)であることが知られていますので,電力は平均すると9035万 kW となり,エネルギー消費全体(5.0億 kW)の18%に当たります。したがって,実際に

5.2 現在の資源・エネルギー消費

日本人1人当りが消費している平均電力は

$$9\,035\,万\,kW \div 1.2\,億人 \fallingdotseq 0.75\,kW/(人) \tag{5.15}$$

ということになります。

　なお，ここで二次エネルギーとしての電力消費量は，それをつくるために要する一次エネルギー供給量と同じではないことに注意する必要があります。例えば，火力発電は，熱力学的制約から現在の技術をもってしても，石油の場合，エネルギーの変換効率は38％程度であり（前述），電力輸送にもエネルギーの大幅なロスがつねにともないます。したがって，私たちが電力として使っているエネルギーは，石油など実際に消費するエネルギー資源から供給されるエネルギーのすべてではなく，その一部（約3分の1程度）なのです。

　わが国の場合，エネルギー消費量は石油換算で3.96億 $k\ell$（3.7億 TOE）ですが，一次エネルギー供給量はそれよりもはるかに多く，6.04億 $k\ell$（約5.6億 TOE）にのぼり，およそ34％が（輸送過程の消耗も含め）使われずに熱等で捨てられていることになります。同じような状況が都市の水道水にもみられるようです*。

　このことをふまえ，日本人1人当りが使っている石油の量および電気として使っている石油の量を求めてみましょう。まず，1人当りのエネルギー供給量は，石油換算で

$$6.04\,億\,k\ell/年 \div 1.2\,億人 \fallingdotseq 5.0\,k\ell/(人・年) \tag{5.16}$$

で，1日当りは

$$5\,000\,\ell/(人・年) \div 365\,日/年 \fallingdotseq 13.7\,\ell/(人・日) \tag{5.17}$$

となります。このうち石油として供給されているのは

$$13.7\,\ell/(人・日) \times 0.536 = 7.3\,\ell/(人・日) \tag{5.18}$$

となり，日本人1人が，1日当り石油だけでも7.3 ℓ 使って（供給されて）いることになります。

　また，日本人の消費電力9 035万 kW を得るのに必要なエネルギー量は，石油に換算するとつぎのようになります。

---

* わが国の都市部の水道水は約30％が配水管から地中に漏水しているといわれている。

$$9\,035\,\text{万 kW} \div 11\,\text{kWh}/\ell \times 3 \fallingdotseq 2\,464\,\text{万}\,\ell/\text{h} \tag{5.19}$$

電力のうち石油から得られるものの割合はおよそ 53 % × 32 %（図 4.4, 図 4.5）ですから，電力供給に必要な石油の量は 1 人当りおよそつぎのようになります．

$$2\,464\,\text{万}\,\ell/\text{h} \times 0.53 \times 0.32 \div 1.2\,\text{億人} \fallingdotseq 0.034\,\ell/(\text{人}\cdot\text{h}) \tag{5.20}$$

1 日当りは

$$0.034\,\ell/(\text{人}\cdot\text{h}) \times 24\,\text{h}/\text{日} \fallingdotseq 0.82\,\ell/(\text{人}\cdot\text{日}) \tag{5.21}$$

すなわち，日本人 1 人当りが毎日使っている石油量は 7.3 ℓ で，そのうち電気として使っているのがおよそ 0.82 ℓ ということになります．私たち日本人

コラム 5A

人類のエネルギー消費量

人類のエネルギー消費量については本文中でも述べましたが，社会で消費されるエネルギー資源の消費量など，大規模なエネルギー量を表す場合，すでに出た石油換算トン(TOE)や，電力を表す場合は kW の上に MW（メガワット）や GW（ギガワット）や TW（テラワット）が用いられます（1 kW＝10^3 W，1 MW＝100 万 W＝1 000 kW＝10^6 W，1 GW＝10 億 W＝100 万 kW＝10^9 W，1 TW＝1 兆 W＝10 億 kW＝10^{12} W の関係があります）．

また，電力量の単位としては kWh（キロワット時）や GWh（ギガワット時），TWh（テラワット時）などが用いられます．

いま，世界のエネルギー消費速度を電力に換算してみましょう．本文中にもあったように，人類の一次エネルギーの年間消費量は 80 億 TOE/年であり，これをすべて電力に置き換えると，石油の発熱量は 1 トン当りおよそ 4 180 万 kJ なので

$$4\,180\,\text{万 kJ/TOE} \times 80\,\text{億 TOE}/(365 \times 24 \times 60 \times 60\,\text{sec}) \fallingdotseq 110\,\text{億 kJ/sec}$$
$$= 110\,\text{億 kW}$$

となります．これは上記の大規模なエネルギーを表す単位を用いれば

$$110\,\text{億 kW} = 1.1 \times 10^{10}\,\text{kW} = 11 \times 10^{12}\,\text{W} = 11\,000\,\text{GW}$$
$$= 11\,\text{TW}$$

すなわち，人類のエネルギー消費速度は電力でいうとおよそ 11 TW ということになります．もちろん，発電効率や送電による電力ロスを考えるとこれだけの電力をそのまますべて使用できるというわけではありません．

は電気だけでも相当な量の石油を毎日使っていることになります。

　世界人口が急速に増加しているにもかかわらず，1人当りこれだけ多くのエネルギーを消費していることを考えれば，わが国全体の，そして世界全体のエネルギー消費量がいかに大きいかがわかるでしょう。

5.3　増え続ける廃棄物

　つぎに，私たちが日々排出する廃棄物やごみ（コラム5B参照）について考えてみましょう。廃ガスや廃水（次章参照）などを除いた，いわゆる廃棄物には大きく分けて，家庭やオフィスから出る一般廃棄物と工場や建設現場などから発生する産業廃棄物があります。図5.4にその割合を示しました。

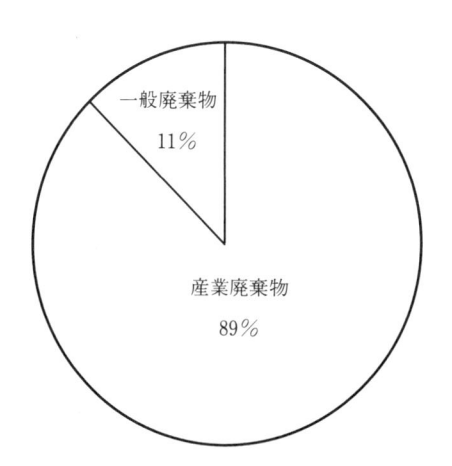

図5.4　わが国の廃棄物の内訳

　近年，私たち人類の排出する廃棄物は産業廃棄物，一般廃棄物ともに増加の一途をたどり，しだいにその捨て場をなくしつつあるといわれています。埋め立て処分の不燃ごみはすでに飽和状態に近づきつつあり，離島や山村などに搬入し，投棄される産業廃棄物も大きな社会問題を引き起こしています。図5.5にわが国最大といわれる香川県豊島の産業廃棄物投棄現場の写真を示します（付録A5参照）。

　また，廃棄物の処理に当たり，塩化ビニールなど塩素系有機物の焼却による

5. 資源・エネルギーの消費と廃棄物

(a) 大気組成を測定中 　　(b) 地中に通したガス抜きパイプ。強い異臭を放っている。

図5.5　香川県豊島の産業廃棄物処分場

塩化水素などの有毒ガスやダイオキシン等の発生も大きな社会問題となっており，学校や家庭の焼却炉の使用も禁止されるようになりました。このごみの焼却過程で出る排気ガスや燃焼灰の処理も大きな問題です。

さて，私たちは現在一体どれくらいの廃棄物を出しているのでしょうか。**図5.6**にわが国の平均的な一般廃棄物の内訳の例を示しました。これをみると最も多いのは生ゴミ（厨芥）であり，続いて古紙，ガラス，木くず，プラスチック，繊維などです。一般廃棄物は，わが国の場合，毎年およそ5000万トン程度排出されています。これは1人当りになおすと

$$5000万トン \div 1.2億人 = 417 \, \text{kg}/(人・年) \tag{5.22}$$

となり，1日につき

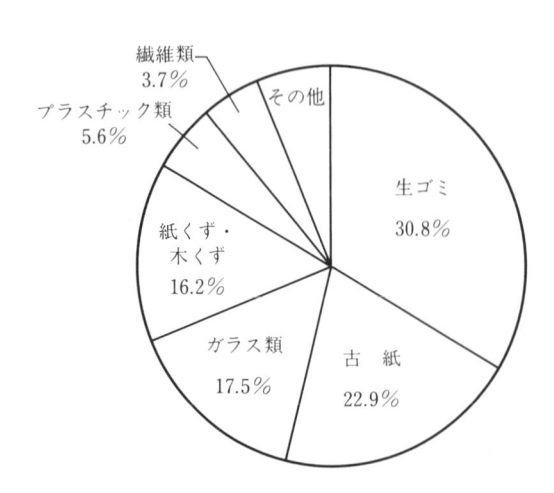

図5.6　一般廃棄物（家庭ゴミ）の内訳（東京都目黒区の例）

繊維類 3.7%
プラスチック類 5.6%
その他
紙くず・木くず 16.2%
ガラス類 17.5%
古紙 22.9%
生ゴミ 30.8%

$$417 \text{ kg} \div 365 \text{ 日} = 1.14 \text{ kg/(人・日)} \tag{5.23}$$

となります。

　また，一方，産業廃棄物の排出量は一般廃棄物のおよそ8倍で，年間約4億トン（1993）ぐらいあります。産業廃棄物には汚泥や建設廃棄物（建築廃材），廃プラスチックなどがありますが，このうち最も多いのが汚泥で，1億8000万トン，続いて建設廃棄物が6000万トン，廃プラスチックが500万トン等と続きます（**図5.7**）。産業廃棄物は年間約4億トンのうち約40％に当たる1億6000万トンがリサイクル（再利用）されており（リサイクルについては第7章参照），最終処分量は約20％の8000万トンであると報告されています。

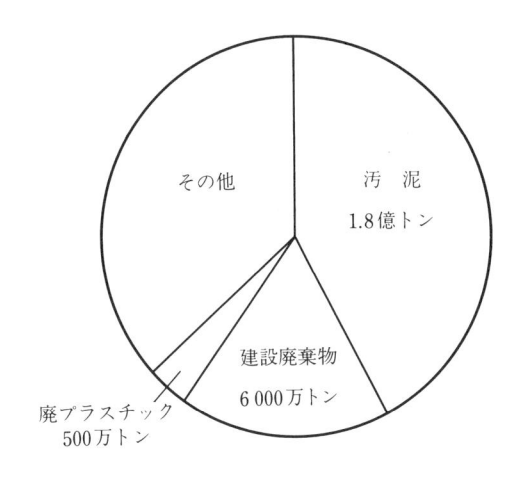

図5.7 わが国の産業廃棄物の内訳

　このような大量の廃棄物排出の背景には，近年の大量生産，大量消費社会があるわけですが，廃棄物の増加の原因の一つとしては，すでに述べたように，使い捨て商品およびそれに準ずる商品の増加があげられます。割り箸や食品容器，飲料容器をはじめ，使い捨て歯ブラシ，かみそり，石鹸，さらに，使い捨てカメラなども広く出回っています。これらが大量のゴミの発生源となるのです（使い捨てカメラは現在はリサイクルされている）。

　また，このような小型の使い捨て商品の増加とともに，電気製品や自動車など大型の商品にも，まだ使えるのに新製品に買い換えるという，使い捨て化の傾向が広がっており，大量の廃棄物を生み出しています（第7章参照）。

使い捨て商品が好まれる理由としては，つぎのような点があげられるでしょう。
1) 使った後の始末が簡単で（捨てればよい），持ち運ぶ必要がない。
2) 新品が使える。すなわち，手垢のついていない清潔な商品がつねに使える。
3) つくる側からすれば，簡単に安価につくることができ，買う側も安価に買える。
4) つくる側からすれば，つねに新品を買ってもらえるので，定常的に商品を生産し，販売することができる。

このように，消費者，生産者ともに使い捨て商品には数多くのメリットがありますが，このことは裏をかえせば，まだ使えるものをごみにしてしまうことを許容し，大量の新商品の生産を促し，大量のごみの発生をもたらすことになります。

ところで，私たちが出すごみ（一般廃棄物）のうちで物質として最も多いのは，なんでしょうか。図5.6からもわかるように，それは木を原料とする紙なのです。この紙について少し考えてみましょう。

紙は専門書などの書籍を除けば，もともとほとんどが使い捨ての用途です。産業廃棄物としての紙も含め，わが国の紙の年間消費量はおよそ3100万トンに達しています。これは日本人1人当りになおすと

$$3100万トン \div 1.2億人 \fallingdotseq 260\,\mathrm{kg}/(人 \cdot 年) \tag{5.24}$$

となり，1人当り立木にして，年間4本程度の木を切って使っている計算になります。1日についていえば

$$260\,\mathrm{kg}/(人 \cdot 年) \div 365日 \fallingdotseq 0.71\,\mathrm{kg}/(人 \cdot 年) \tag{5.25}$$

という使用量になります。

確かに，新聞や新聞の折り込み広告をはじめ，毎日のように届く商品のカタログや案内書の類，そして各種の情報紙や雑誌など，ちらりと目を通すだけでごみと化す印刷物が私たちの回りにはたくさんあります。中には，一度も目を通さずに，封筒のままでごみ箱に直行というものさえあるかもしれません。そ

して皮肉なことに，このような広告紙や案内紙の目的の大部分はさらなる新商品の消費を促すことにあるのです。

　スーパーで買い物をしても，紙袋や紙箱，ビニール袋，包装紙など（最近は少し減少しつつありますが）でていねいに包装されます（そういえば，「買い物かご」という言葉もいつの間にか死語となっています）。また，牛乳やジュース，酒などもガラスビンの容器の代わりに紙パック容器が広く用いられており，ほかにも，食品トレイ，食品パック，紙皿や紙コップなど紙製の使い捨て商品は多く，個人単位でも毎日消費している紙の量はかなりの量にのぼります。

　これと同じ量の紙を何千人何万人の人が使い捨てているとなると，その量は当然ながら膨大なものになります。物の豊かさ，便利さはいいことであるにしても，これほどまでに紙を使うとなると少々心配になってくるというのが人情です。私たちはいつごろからこのように大量の紙を使うようになったのでしょ

コラム 5B

廃棄物とごみ

　廃棄物とごみはほぼ同じ意味で使われることが多いようですが，厳密には少し違っています。

　日本廃棄物学会による定義によれば，廃棄物とは「ごみ，粗大ごみ，燃えがら，糞尿などの汚物や，自分で利用しなくなったり，他人に売却できないために不要になったもので，液状または固形状のものすべてをいう」とあり，一方，ごみとは「人間の生活にいかに価値のあるものであっても，所有者が不要なものとして排出した固形のものすべてをいう」とあります。

　したがって，ごみとは廃棄物の一部であって，より狭義の廃棄物ということになります。また，ごみは本人が不要と決めたものがごみであって，主観的なものであるのに対し，廃棄物のほうは他の人も不要なものと認め，より客観的なものであるということができるでしょう。

　液状，固形状という点もふまえていえば，本章であげた新聞紙などの紙屑は再利用できないものはごみであり，廃棄物ですが，再利用できる状態のものはごみ（資源ごみ）であっても廃棄物ではありません。また，廃油は液体状で捨てる場合は廃棄物ですがごみではなく，固形状にしてはじめてごみとなり，排気ガスや廃熱はいずれも，ごみでもなく廃棄物でもないということになります。

うか。

　紙の原料はいうまでもなく海外諸国の森林です。そして，その森林は次章で述べるように，実は地球上でどんどん減少しているのです。

　人類の文化の発達にとって，情報の蓄積や伝達手段としての紙の果たす役割は確かに大きいものでした。紙により私たちの知恵や知識は蓄積され，印刷技術は教科書や辞書をはじめ，各種の出版物を生み，多くの人に貴重な知識や情報を伝達することを可能にしました。紙や活字が人類の文化・教育の普及，向上に果たした役割はすこぶる大きいといえるでしょう。

　しかし，現在の書店にならぶ洪水のような雑誌や新刊書（本書も例外ではない？），専門情報誌やマニュアル本の氾濫を目にするとき，はたして私たちは現在これほどまでに本が必要なのか，そして，これらを通して得られる情報を本当に必要としているのかという疑問が頭をよぎります。

　実際，現在の新刊書の40％以上は返本となり処分されています。また，買われた本も雑誌などをはじめ，使い捨て商品となっている場合が多いのが現実です。もしかすると私たちは消費者として単にこれらの本に時間を奪われ踊らされているだけなのかもしれません。むしろ，有り余る本の氾濫はかえって良書を熟読する機会を奪っているようにも感じられます。

　紙の使用用途としては，ほかにトイレットペーパーやティッシュペーパー，ペーパータオル，そして紙おむつなどの使用量も近年増加しており，今後は乳幼児用だけでなく，老人用の紙おむつの使用量も増えることが予想されています。紙の消費量はまだまだ増え続けることでしょう。

　この章では，私たちが現在日々消費している資源やエネルギーの消費量，そしてごみの排出量などをやや詳しくみてきました。そして，あらためてその消費量や排出量の大きさに慄然とするのです。

　もちろん，このような資源消費，廃棄物の排出をいつまでも続けられるというわけではないでしょう。次章では，現在の大量の物質消費文明のもたらすさまざまの問題点について考えてみましょう。

6. 資源の枯渇と環境問題

　前章でみたように，近年の科学技術文明の発展にともない私たち人類が消費する資源量・エネルギー量は著しく増大し，日々排出する廃棄物量も膨大なものになりつつあります。

　地球が有限な体積をもつ天体（惑星）であることはいまや周知の事実ですが，そのことは同時に，地球上の資源物質の量もまた有限であり，資源の消費により生ずる廃棄物や廃ガスの捨て場も有限であることを意味しています。ところが，比較的最近まで，私たち人類はそのようなことにあまり頓着がありませんでした。

　資源は開発・採掘さえすれば，ほとんど無尽蔵に存在し，また，資源消費により排出する廃棄物や廃ガスについても，地球上に多量に存在する水や大気が十分その自浄能力を発揮し，地球が本来の廃棄物収容能力を発揮さえすれば，さほど心配すべきものではないと考えられたのです。

　しかし，近年の資源消費量の飛躍的増加は，このような考えがもはや成り立たないことを明らかにしつつあります。地球上の資源物質の量は，現在の人類の消費速度からみれば決して無限量ではなく，有限であり，また，地球の自浄能力や廃棄物収容能力も（当然ながら）有限なのです。

　実際，石油をはじめとするこれまで無尽蔵と思われていた資源の量にも近年しだいに限界がみえはじめており，これまで十分大きいとみなされてきた地球大気や海洋なども，人類が排出する廃棄ガス（廃ガス）や廃熱，そして廃棄物や廃水等の影響で汚染され，大きく変化しつつあることが明らかとなっているのです。

　本章では資源枯渇と現在の地球規模での環境問題について考えてみましょう。

6.1　資源の有限性と枯渇

現在の消費文明に対して資源供給の有限性という点から最初の警鐘を打ち鳴

6. 資源の枯渇と環境問題

らしたのは1972年ローマクラブ*の依頼により報告された資源の有限性に対するメドウスらの第一レポート『成長の限界』でした。

この報告書はいくつかの状況設定をもとに，金属資源や化石燃料資源など非再生的資源の寿命や環境汚染，食糧問題などについて地球の近未来を予測したものですが，その内容は，最も厳しいケースでは，数十年のうちに多くの資源が枯渇し，環境汚染や食糧不足が深刻化し，地球の破局が訪れるであろうというものでした。当然ながら，世に与えたインパクトも大でした。

考えてみれば，いくら地球が巨大であるといっても，宇宙からみれば地球も1個の天体に過ぎません。その地球が無限の資源供給量をもつことなどありえないのはごくあたり前の話であって，このまま大量の資源消費を続けていけば，やがて地球上の資源がたりなくなるのは当然といえば当然の話です。

しかし，幸か不幸か，現実にはメドウスらの予測に反して，銅，鉛，水銀，金などの金属，また，石油や天然ガスなどの化石燃料資源も，その後四半世紀を経た現在でもなお枯渇してはいません。石油についても，ここ数十年の間，つねに「あと20～30年で枯渇する」といわれながら，まだ枯渇しそうにはみえません**。

これは資源の寿命予測が誤りであり，資源枯渇の危機がなくなったことを意味するのでしょうか。そうではありません。資源の寿命がメドウスらの予測より延びているのは，物質消費の年成長率がその後やや鈍ったことや，資源開発技術の進歩により資源の可採埋蔵量が増加したことによるものであって，資源枯渇の時期が多少引き延ばされているに過ぎないのです。

表5.1，**表6.1**に現在見積もられている金属資源やエネルギー資源の埋蔵量，年間生産量，および供給可能年数（可採年数）を示します。これをみると，早晩資源枯渇の時期が到来するのは明白です。

それでは現在のような大量の資源消費・物質消費をもたらした原因は一体な

---

* 1968年にアウレリオ・ペッチェイ氏により設立された資源や食糧，環境汚染など地球の未来を考えるために多くの知識人に呼びかけて発足した学際集団。
** 石油20年説または石油30年説とも呼ばれる。

表 6.1 エネルギー資源の推定埋蔵量（1998 年）と可採年数

資源の種類	埋蔵量	年間生産量	可採年数〔年〕
石油	1 621 億 kl (1 500 億トン)	38 億 kl (35 億トン)	43
天然ガス	144 兆 m³ (1 437 億 TOE)	2 兆 3 000 億 m³ (23 億 TOE)	63
石炭	9 842 億トン (5 905 億 TOE)	38 億トン (23 億 TOE)	259
ウラン	2 263 トン (67 億 9 000 万 TOE)	41 トン (1 億 2 300 万 TOE)	55

んなのでしょうか。

いうまでもなく，その一つは二十世紀に出現した大量生産，大量流通システムの普及です。そして，これには科学技術の進歩による生産技術や輸送機関の発達が大きく寄与しています。すなわち，大量生産技術の確立とともに原材料の輸送や製品の流通，販売を全国的な規模で，あるいは，全世界的な規模で，大量に迅速に行うことが可能になったことがその背景としてあげられます。

また，大量の物質消費に拍車をかけたのが，前章でも述べたように使い捨て商品の出現・普及です。安価でつぎつぎと大量につくられていく新製品の台頭は，古いものを捨て，便利で新しいものを追い求める風潮を生み，大量の商品を短時間で生産し，販売し，消費するという構造を生み出しました。

このような大量の物質生産，物質消費により必然的に生じてくるのが大量の廃棄物（ごみ）です。そして，この廃棄物により引き起こされるのが，私たちの住む自然環境，地域環境の汚染の問題です。

この資源の大量消費による環境汚染の問題は，現在では一部の地域にとどまらず，地球全体を巻き込んでおり，資源枯渇の問題と同様に私たち人類全体にとって深刻な問題を引き起こしているのです。

◇◇◇◇◇◇◇◇◇◇◇◇◇◇ 6.2 資源消費と地球環境問題

環境問題といえば，1980 年代以前にも大気汚染や水質汚染，土壌汚染など，

いわゆる高度経済成長の副産物としての公害や風水害，ごみ問題など多くの環境問題が存在しましたが，そのほとんどは地域的な問題であったといえます。しかし，1980年代当りを境に，環境問題はしだいにその様相が変わりつつあります。すなわち，それまでの公害をはじめとする局地的な環境問題が徐々にその範囲を拡大し，海洋汚染，酸性雨，森林破壊，さらにオゾン層破壊，地球温暖化，砂漠化，異常気象など，より広域的なグローバルな環境問題（地球環境問題）へと変遷しているのです。

前節で述べたように，資源枯渇問題は，文字どおり，人類の使用する非再生的資源が有限な資源であり，地球的規模で枯渇の危機にあることを指摘したものです。それに対し，この地球環境問題は石油をはじめとする現代の大量の資源消費がもたらす廃棄物や廃ガス，廃熱が，単なる地域環境の汚染のみならず，これまでほぼ定常状態にあった地球環境総体を汚染させつつあることを指摘したものといえるでしょう。

これは，言葉をかえれば地球上の資源の埋蔵量が有限であるというのが資源枯渇問題であるのに対し，大量の資源消費がもたらす廃棄物や廃ガス，廃熱を受容する排出空間もまた有限であり，排出量に許容限度があるというのが地球環境問題であるともいえるでしょう。私たちは資源の枯渇ということと同時に，資源を枯渇するまで消費していいものかどうかということについても，また問わなければならなくなっているというわけです。

例えば，化石燃料資源の消費は大量の二酸化炭素と廃熱をもたらします。これは過去に光合成により固定化された大気中の二酸化炭素と太陽エネルギーを再び現在の大気中に放出することであり，大気中の二酸化炭素濃度や気温の上昇をもたらします。それが，この後で述べる二酸化炭素による地球温暖化問題なのですが，地球温暖化防止のためにはこの二酸化炭素の排出規制が必要であり，その排出規制が化石燃料の使用量を制限することになってくるのです。

このように人類が使用できる化石燃料の量は，その埋蔵量によって規制されると同時に，大気中への二酸化炭素や廃熱の排出許容量によっても規制されることになるわけです。

それでは、私たちは現在どれくらいの廃棄物や廃ガス、廃熱を出しているのでしょうか。廃棄物には前章で述べたように、一般廃棄物と産業廃棄物がありますが、いずれも固体、または液体であるのに対し、ガスや熱として排出されるのが廃ガスや廃熱です。まず、私たち人間はどのくらいの廃ガスを、そして廃熱を出しているのかを考えてみましょう。

6.2.1 二酸化炭素と地球温暖化問題

廃ガスの中で最も多いのが二酸化炭素です。私たちは現在どれくらいの二酸化炭素を出しているのでしょうか。すでに述べたように、人類のエネルギー消費量は年間でおよそ80億TOEであり、その9割以上は化石燃料によるものです。表6.2に化石燃料などいくつかのエネルギー資源について単位重量および単位発熱量あたり発生する二酸化炭素の量を示しました。いま、化石燃料の平均化学組成を近似的に C_nH_{2n} と表すと、その燃焼反応は

$$C_nH_{2n} + 3/2\, nO_2 \rightarrow nCO_2 + nH_2O \tag{6.1}$$

と表せるので、地球全体で発生する二酸化炭素の量は、年間で

$$80 億トン/年 \times 0.9 \times \frac{44}{14} \fallingdotseq 230 億トン/年 = 2.3 \times 10^{16} g/年 \tag{6.2}$$

となります。二酸化炭素の発生源としては、このほかに人為的なものとしては、セメントの製造や森林の伐採、焼き畑などによるものがあり、これらを含めると二酸化炭素の年間排出量はおよそ250億トンとなります。このうち、植物の光合成（の増加分）や海洋での吸収や沈殿でかなりの量が消費されますが、それらを除いても、大気中の二酸化炭素は毎年約120億トン程度増加して

表6.2 エネルギー資源の二酸化炭素発生量

資源の種類	単位重量（1 kg）当り〔kg〕	単位発熱量（1 kcal）当り〔g〕
石油	3.14	0.31
天然ガス	2.75	0.21
石炭	2.94	0.42
バイオマス	1.63	0.41
水素*	0	0

* 水素を得るために発生する二酸化炭素は考えていない。

いると見積もられています。地球上の大気の量はおよそ 5×10^{15} トンと見積もられているので，二酸化炭素の濃度増加は年間で

$$120\times10^8 \text{トン}/44 \div \{(5\times10^{15}\text{トン})/29^*\}\times10^6 = 1.6\,\text{ppm}^{**} \qquad (6.3)$$

ということになります。現在の大気中の二酸化炭素濃度はおよそ 370 ppm (**表6.3**) ですから，毎年 0.5% 程度増加していることになります。

表6.3 大気の化学組成

成　分	濃度〔体積%〕
窒素　（N_2）	78.09
酸素　（O_2）	20.95
アルゴン（Ar）	0.93
二酸化炭素（CO_2）	0.037
ネオン（Ne）	0.001 8
ヘリウム（He）	0.000 5
クリプトン（Kr）	0.000 1
水素　（H_2）	0.000 05
キセノン（Xe）	0.000 01

また化石燃料の消費により，私たち1人当りが放出している二酸化炭素の量は，年間で

$$230\,\text{億トン}/\text{年} \div 58\,\text{億人} \fallingdotseq 4\,000\,\text{kg}/(\text{年・人}) \qquad (6.4)$$

であり，人類は1人当り毎日 10 kg 以上の二酸化炭素を放出していることになります。なお，日本人の場合は1人当りこの世界平均のおよそ2倍量の二酸化炭素を放出しているといわれており，これは私たち日本人が毎日出している家庭ごみのおよそ 20 倍量に当たります。

また，化石燃料の燃焼による廃熱量はどれくらいになるのでしょうか。化石燃料1kg当りの平均燃焼熱を 8 000 kcal $\fallingdotseq$ 33 000 kJ とすると

$$80\times10^8\times10^3\,\text{kg/y}\times33\,000\,\text{kJ/kg} = 2.64\times10^{17}\,\text{kJ/y} = 3.0\times10^{13}\,\text{kJ/h} \qquad (6.5)$$

となりますが，これは地球が太陽から吸収し，宇宙空間に排出する熱量の

---

* 空気の平均分子量はおよそ 29 として計算した。
** ppm は百万分率（parts per million）で表す濃度単位で，気体の濃度の場合は体積分率（モル分率）で表すのが一般的である。

$1.86×10^{17}$ kJ/h に比べると

$$3.0×10^{13} \text{kJ/h} ÷ (1.86×10^{17} \text{kJ/h}) ×100 = 0.016 \% \quad (6.6)$$

に当たります。式 (6.3) や式 (6.6) で与えられる値はいずれもそれほど大きいものにはみえませんが，実は，この二つのうち，前者の二酸化炭素濃度(の増加)が地球に重大な影響を与えるのです。

それでは，大気中の二酸化炭素濃度が増加するとどうなるのでしょうか。二酸化炭素は熱(赤外線)を吸収する性質があります。そのため，大気中の二酸化炭素の濃度が増えると，地球上の熱が対流圏から成層圏，熱圏を経る過程で吸収され宇宙空間への放熱量が減少します。そして，大気中に溜まった熱により，気温がわずかながら上昇するのです。これを二酸化炭素の温室効果 (greenhouse effect) といいます。

実際，地球大気中の二酸化炭素濃度は 20 世紀のはじめまでは 300 ppm 程度でほぼ一定の値を示していましたが，20 世紀の半ばに入り急激に増えはじめ，現在では 370 ppm 程度にまで増加しています (**図 6.1**)。そのためにこの 1 世紀でおよそ 0.5°C の温度上昇があったといわれているのです。

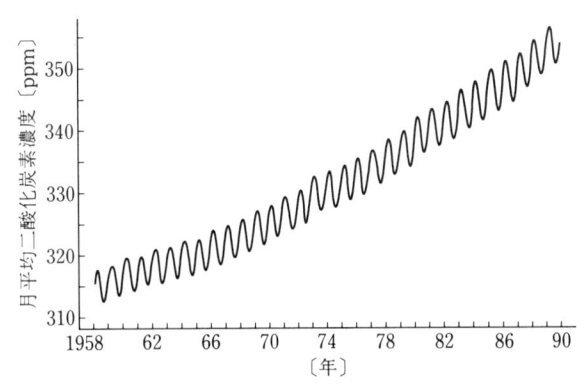

図 6.1 マウナ・ロア(ハワイ)における大気中の二酸化炭素濃度の変化 (Keeling et al., 1989)

また，一方，化石燃料の燃焼や火山噴火などにより放出されるものとしてダスト(微細粒子)があります。これにより太陽光線が遮られ，地球大気の温度が低下するという側面もあります。これは温室効果とは逆に，気温の低下を招

くもので日傘効果と呼ばれていますが，現在のところ，この日傘効果のほうはあまり大きくないと考えられています。

今後の予測についてはいくつかの見解がありますが，今後70年程度で二酸化炭素濃度は旧来の値に比べ約2倍の560 ppm程度にまで増加し，それにより地表の平均気温は2℃近く上昇するとみられています（**図6.2**）。もっとも，そのころには地球上の石油は枯渇しており，たぶん石炭や天然ガスが主として使われていることになるでしょうから，それにより日傘効果が大きくなり，温室効果を幾分打ち消すようになるかもしれません。

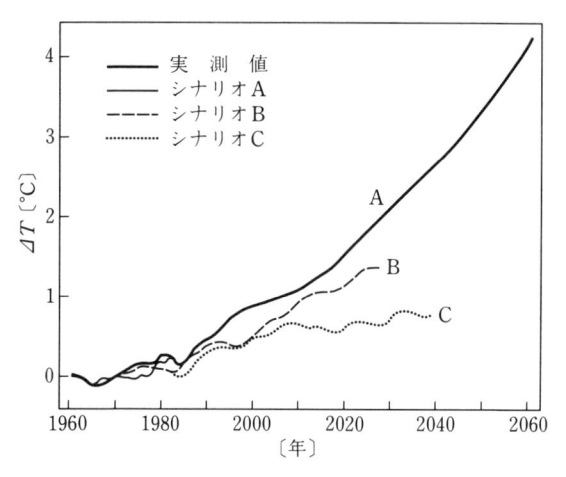

図6.2 地球気温の未来予測（J. Hansen *et al*., 1988：*J. Geophys, Res*., 93. 9341.）

コラム6A

温室効果ガス

　地球温暖化の原因となっているのは二酸化炭素だけではありません。次節で述べるオゾン層破壊の原因となるフロンガスは二酸化炭素の1万倍の温室効果をもつことが知られており，ほかにメタンや，一酸化二窒素（亜酸化窒素）なども大きな温室効果をもっていることが知られています。このような温暖化の原因となるガスを総称して温室効果ガスと呼びます。二酸化炭素以外のこれらの温室効果ガスの排出の抑制も地球環境問題の重要な課題の一つです。

それでは，地球の温度が上昇するとどうしていけないのでしょうか。寒いより暖かいほうが生物の生存には適しているし，二酸化炭素が多いほうが光合成量も多いように思われます。実際，植物の光合成量は二酸化炭素濃度や気温が上昇すると増加し，穀物の収穫量も増えることが報告されています。また，冷害などの被害も少なくなり，暖房のためのエネルギーの節約にもなるので，このこと自体，一概に悪いこととはいい切れません。

気温が上昇すると困ることはなんなのでしょうか？その一つは干ばつや，集中豪雨など，いわゆる地球規模の異常気象です。ほかに，南極などの極地氷が融解して海水面が上昇することや，シベリアなどの凍土が融けメタンガスなど

コラム 6B

環境税，炭素税

化石燃料の消費は，エネルギーや原料を得ることであると同時に，長い地質時間の間に固定化された炭素や硫黄，窒素を空気中に放出することを意味します。それが大気中の二酸化炭素や硫黄酸化物，窒素酸化物などの濃度を増加させ，大気汚染や酸性雨，地球温暖化，異常気象などの原因となっているのです。

それに加え，熱帯雨林などの森林の破壊は現在森林として固定化されている炭素を化合物として空気中に放出することになり，最終的にはやはり二酸化炭素を増加させ，温暖化や異常気象の原因となります。

このようなエネルギー資源や森林資源の消費を減らすために，政府による省エネルギー政策や省資源政策，また国際的な廃ガスの排出規制や削減目標値の設定が行われていますが，このような政策や規制は一面では生産活動や経済活動の低下を招きかねないだけに，実際的には効果はあがりにくいのが現状です。

このような考えのもとに打ち出されたのが，環境税や炭素税です。炭素税とは二酸化炭素排出量の抑制のために，化石燃料が排出する炭素含有量に賦課する税です。また，この炭素税をはじめ，環境に負荷をかけるもの全般に対し課税するものが環境税です（負荷に応じて課税額を変えるものをグリーン税制といいます）。

人間を動かす要因として大きなウエイトを占める経済的要因に着目し，環境問題を経済的側面から解決していくことも一つの方法ではあるでしょう。これからは物を買ったり，つくったりする場合だけでなく，廃棄するのにもお金がかかる時代であることを自覚する必要があります。

の発生が起こることも予想されています。

　気温の上昇による海水面の上昇は，海水の膨張による効果も加わり，平均気温1℃の上昇で20 cm以上といわれています。これは，海抜の低い沿岸地域で風水害などの被害を多発させる原因になります。またメタンガスの発生は，二酸化炭素に加えて温室効果やオゾン層破壊に一層拍車をかけることになり（後述），気温上昇は病虫害やマラリアなど伝染病（感染症）の発生地域を拡大させることにもつながるのです（現在すでにその兆候は顕れています）。

　さらに，気温の上昇は海水の二酸化炭素の吸収能力（溶解度）を減少させますので，これが大気中の二酸化炭素濃度を一層上昇させ，さらに気温上昇を招くことも考えられます。これを二酸化炭素の暴走といいます。

　二酸化炭素を増加させる原因としては化石燃料の大量消費のほかに，地域開発や木の大量伐採による熱帯林の破壊，そして酸性雨などによる森林の枯死があります。森林の減少は現在地球全体で，年間150 000 km^{2}にも達すると算定されていますが，これはわが国の国土面積の実に半分近い広さで，これによる木の消失量はおよそ60億トンと推定されています。実に人類一人当りにつき毎年1トンもの木が消失していることになるのです。

　森林の減少は，単に木々の光合成量の減少による酸素の減少と二酸化炭素の増加というだけでなく，減少した木の量だけ固定化した炭素が大気中に放出され，大気中の二酸化炭素濃度の増加をもたらすことになります。

　また，木のなくなった山野は禿げ山となり，保水能力の低下とともに，洪水や地滑りなど災害の原因となったり，あるいは野生生物種の減少にもつながっていきます。世界的には，森林の破壊とともに砂漠化の進行も懸念されています。

6.2.2　オゾン層破壊と環境ホルモン ◇◇◇◇◇◇◇◇◇◇◇◇◇◇◇

　人類がこの世に出現したのはいまからおよそ450万年ほど前といわれていますが，大気中の二酸化炭素は，以来幾多の濃度変動，そして気温変動を経て，ここ数千年はほぼ300 ppmの濃度を維持してきたと考えられています。これ

は南極の氷の中に封じこめられた太古の空気の組成を調べることなどにより推定されるものですが，その二酸化炭素濃度が二十世紀の後半に入りわずか50年ほどの間に大きな増加傾向をみせています（前節参照）。

地球大気の二酸化炭素濃度は濃度的には決して大きなものではありません。現在の地球大気の組成を表 6.3 に示していますが，圧倒的に多いのは窒素であり酸素です。

地球大気が現在のような酸素の多い大気になったのはいまからおよそ 3 億年ほど前のことであるといわれています。それまでの地球大気は酸素をさほど含まず，地球の生成当初の原始大気は実は一酸化炭素や二酸化炭素が大部分を占め，数十気圧の圧力（分圧）をもっていたと考えられています。

その二酸化炭素は原始海洋の生成とともに海水に溶解し，陸から海水中に溶出したカルシウムイオンと反応して炭酸カルシウム（石灰石）として沈殿しました。それにより大気中の二酸化炭素濃度は急速に減少し，大気圧も低下していくのですが，やがて地球上に生命体が出現して，状況はさらに大きく変わるのです。

地球上に最初の生命体が現れたのはいまからおよそ 40 億年ほど前の海洋であるといわれています。それはバクテリアなどの微生物であろうと考えられていますが，やがてその中に太陽の光を使って光合成を行う藻類のような生物が出現し，その後さまざまな光合成生物が誕生して，酸素を発生するようになります。

発生した酸素は海洋中の鉄を酸化させた後，大気中の二酸化炭素を徐々に置き換え，大気組成を現在のような酸素に富むものに変化させていきます。そして，大気中に酸素が増えることによって酸素の一部はオゾンという気体に変わるのです。

$$3\,O_2 \rightarrow 2\,O_3 \tag{6.7}$$

生成したオゾンは大気圏の成層圏の 20～40 km の辺りに広く分布し（<400 ppb）オゾン層を形成します。オゾンは太陽光の中の紫外線を吸収する性質があるため，地球はオゾン層により太陽からの紫外線を遮断することができるよ

うになるのです。これが海洋で発生し，生存していた生物（植物や魚類）が陸上に上がることを可能にするきっかけとなり，やがてさまざまの動植物が陸上で生息できるようになるのです。

このように，オゾン層は大量の生物の海からの上陸を可能にした大変意義の深い物質といえます。ところが，近年このオゾン層に異変があることが観測されているのです。図6.3に南極地方における大気中のオゾン層分布（春季）を示しますが，これをみると，南極大陸を中心にオゾン濃度が低下した部分が広がっていることがわかります。このオゾン濃度の低い部分をオゾンホールと呼んでいますが，このようなオゾンホールの生成により太陽からの紫外線がオゾンにより吸収されることなく，再び太古の昔のように，地表に降り注ぐことが予想（危惧）されるのです。

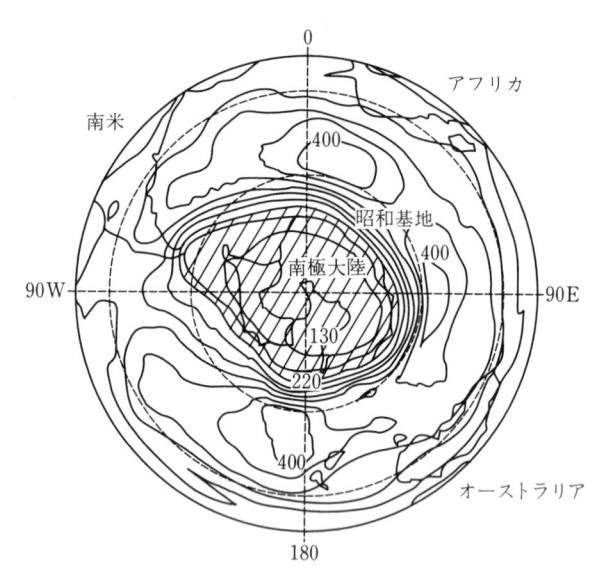

図6.3　南極周辺のオゾン層の分布

オゾン層が破壊され，太古以来遮断されていた太陽光の紫外線が再び私たちの住む地表に降り注ぐようになると，強い紫外線の照射が皮膚ガンなどを増加させ，動植物にも多大の被害を発生させるといわれています。

それでは，オゾン層はなぜこのように減少（オゾン層の破壊）したのでしょ

うか。その原因は20世紀の科学文明がもたらした物質にありました。それがフルオロカーボン（フレオン）や最近大気中に増加している窒素酸化物などの物質です。

フルオロカーボンは炭素原子に塩素やフッ素原子が結合したもので（図6.4），フロンガスとも呼ばれ，1928年に初めて合成された物質ですが，化学的に非常に安定で変化しにくく，毒性がなく，そのすぐれた性質ゆえに冷蔵庫の冷媒や各種のスプレー，また半導体の洗浄などさまざまの用途に広く用いられてきた物質です。

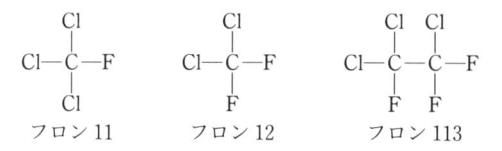

$$
\begin{array}{ccc}
\text{Cl} & \text{Cl} & \text{Cl Cl} \\
| & | & | \ \ | \\
\text{Cl—C—F} & \text{Cl—C—F} & \text{Cl—C—C—F} \\
| & | & | \ \ | \\
\text{Cl} & \text{F} & \text{F F}
\end{array}
$$

　　フロン11　　　フロン12　　　フロン113

図6.4 フロンの構造式（例）

そのフロンガスがなぜオゾンを分解するのでしょうか。その理由は皮肉にもフロンガスの化学的安定性にあります。

フロンガスは大気中に放出されると，その安定さゆえに大気圏の対流圏では分解されることなく，成層圏のオゾン層まで上昇します。そして，そこで大量に入射する紫外線によりはじめて分解されるのです。

　　　　　紫外線
　　$CCl_3F \ \rightarrow \ CCl_2F\cdot + Cl\cdot$　　　　　　　　　　　(6.8)

この反応で生成した塩素原子（ラジカル）は，たいへん反応性に富みオゾン分子やオゾン分子から生じる酸素原子とつぎのような反応を行います。

　　$Cl\cdot + O_3 \rightarrow ClO\cdot + O_2$　　　　　　　　　　　　(6.9)
　　$ClO\cdot + O \rightarrow Cl\cdot + O_2$　　　　　　　　　　　　(6.10)

このようにしてオゾンはしだいに減少し，酸素へと変わっていくのです。

オゾン層の破壊はいまのところ南極地方に限られており，私たちの住む地域までは及んでいませんが，ゆくゆくは全世界に広がっていくことも予想されています。それゆえ，そのオゾン層の破壊を止めるために，その原因であるフロ

ンガスや窒素酸化物の放出を止めなければなりません。

　幸い，現在のところ，フロンガスは使用後の回収や代替物質の使用の推進など，世界的に使用の規制が進みつつあります。しかし，フロンガスの大気中の上昇速度は非常に遅く，私たちがフロンガスの使用を止めても今後20～30年間はオゾン層へのフロンガスの供給は続くことになり，これまですでに放出された多量のフロンガスが上昇して成層圏のオゾン層に到達するのはむしろこれからです。したがって，それまでオゾン層が破壊されずにもつかどうかが問題なのです。

　つぎに，二酸化炭素やフロンガスとともに近年問題となっているものにダイオキシンがあります。紙をはじめとする都市の一般廃棄物は，その75％に当たる約3800万トンが全国の1600余りのごみ焼却施設で処理されていますが，近年，塩素などを含むプラスチック（有機塩素系高分子）類の燃焼により非常に毒性の強いダイオキシンが生ずることがわかっています。また，塩素を含まないプラスチックや有機物の燃焼の際にも，塩素を含む物質が共存するとダイオキシンが生成することが知られており，処理方法に規制がかけられるようになっています。

　一般廃棄物だけでなく大量の産業廃棄物の中にもダイオキシンをはじめさまざまの汚染物質を発生するものがあります。そして，その廃棄場所や処理方法などの点で数々の社会問題を引き起こしているのです*。

　ダイオキシンとは1,4-ジオキシンやその誘導体であるジベンゾ-p-ジオキシンに塩素を置換したポリ塩化ジベンゾ-p-ジオキシン（PCDDs）につけられた通称名であり，多くの同族体や異性体をもっています。その中でも2,3,7,8の位置に塩素のついた2,3,7,8-四塩化ジベンゾ-p-ジオキシン（2,3,7,8-T_4CDD）は最も毒性が強く，これをダイオキシンと呼ぶこともあります（図6.5）。その毒性は青酸カリの1000倍以上，地下鉄サリン事件で用いられたサリンの約2倍ともいわれています。

　ダイオキシンは人間の性ホルモンなどの神経内分泌系を撹乱し，生物の生殖

　＊　1999年7月ダイオキシンの規制に関する「ダイオキシン法案」が成立した。

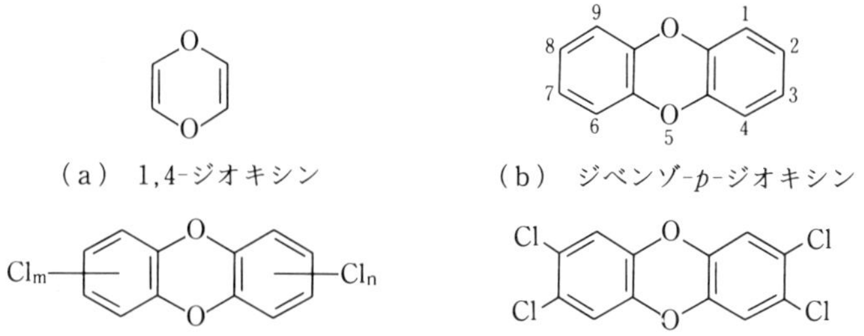

(a) 1,4-ジオキシン (b) ジベンゾ-p-ジオキシン

(c) PCDDs (d) 2,3,7,8-T_4CDD

図6.5 ダイオキシンの構造式（例）

活動にも影響を与えることが知られており，ビスフェノールAやノニルフェノールなどとともに，環境ホルモンという呼称でもその危険性が指摘されています。

コラム 6C

人間と環境

　人間は環境によりさまざまな影響をうけます。人の一生は家庭環境にはじまり住宅環境，教育環境，職場環境，また地域や自然環境などの影響を色濃くうけるものです。生まれ育った環境はその人の性格や嗜好，さらには人生観など人間形成に多大な影響をもたらします。良い環境で育った人は良好な人格を身につけ，悪い環境で育った人は卑屈な性格になるなどというのはその例ですが，中には劣悪な環境（いわゆる逆境）の中でも環境に立ち向かい，たくましい人間性を身につける人もいます。いずれにしても人間は自らがおかれた環境により甚大な影響をうけることは確かです。

　一方，人間が環境から影響をうけると同様，環境のほうも人間の生活から大きな影響をうけます。大気汚染や水質汚染をはじめ，近年の酸性雨や地球温暖化，オゾン層破壊などの環境問題も自然環境が人間の活動によって大きな影響をうけていることの端的な現れでしょう。

　このように，環境は人間の生活に影響を与えると同時に，人間生活からおおいなる影響をうけるものであり，環境と人間は相互に密接な関係をもつものであるといえます。したがって，環境問題の解決策を考える場合にも，環境を改善するという発想と同時に，根本的には人間の側の生活を変えるという姿勢が大切になってくるのです。

ダイオキシンは耐酸性，耐アルカリ性に富み，熱的，化学的にきわめて安定な物質であり，土壌に蓄積しやすく分解しにくいという性質をもっています。そのため，長く環境に残留し，野菜や穀類などを通して環境への広がりも大きく，多くの生き物に長期間にわたり重大な被害を及ぼすことが危惧されています。

思えば，人類は石器や金属の使用にはじまり，天然の資源を用いてさまざまな物質をつくり，つぎつぎと新しい材料を生み出してきました。20世紀に開発されたプラスチックは，従来の金属やガラスに比べると格段に軽い上，さびたり割れたりすることもなく，加工も容易で安価に製造できるなど，非常にすぐれた素材でした。最近では電気を通すプラスチックも合成され利用されています。

しかし，プラスチックにしてもフロンガスにしても，その利点であるはずの化学的に安定であり分解しにくいという性質が，使用後にさまざまな問題を引き起こし，環境問題の原因にもなっているという側面もあることを忘れてはなりません。

私たちは優れた物質とはなにか，好ましい材料とはなにかということを，環境問題という視点からも，もう一度考えていく必要があるのではないでしょうか。

7. 省資源とリサイクル

　前章では，現在の科学技術文明が大量の資源を消費し，資源の枯渇という状況を招くとともに大量の廃棄物や廃熱・廃ガスを排出し，地球環境の悪化（劣化）をもたらしていることを述べました。地球に無限の資源やエネルギーがない限り，資源の枯渇は避けられません。また，このまま廃棄物や廃ガスを出し続ければ，地球上に無限の空間がない限り，環境汚染を止めることはできないのです。

　かつて，人類は永久にエネルギーを供給し続ける熱機関（永久機関）や，自在に有用金属を得る技術（錬金術）を探求した歴史があります。しかし，その結果見い出したのは，すでに第2章でも述べたように，エネルギー源なしにエネルギーを得ることや，温度差を無視してエネルギーを自由に仕事に変えることはできない，という熱力学の法則であり，金属などの元素をほかの元素から新たに合成することはできないという化学反応の法則でした。そして，これらの法則は，エネルギーや資源は消費すれば必ず廃熱や廃棄物を生ずる，ということもまた同時に教えるものでした。

　したがって，私たちが現在の文明を今後とも維持していくためには，現在のエネルギー資源や原料資源をいかに有効に持続的に活用し，廃棄物や廃ガスの量を減らし，それらの処理法や活用法を講じて地球環境をいかにして破壊から護るか，ということが大きな課題となります。

　第4章でもみたように，石油などの化石燃料は非再生的資源であり，永続的に利用することは不可能です。今後は，石油をはじめとする化石燃料の使用量をいかに減らし，長く使用することができるか，また，太陽エネルギーのようなクリーンでほとんど無尽蔵に存在する自然エネルギーをいかに有効に活用するか，というようなことが大切になってきます。また，原料資源のほうでは，金属資源など一度使った資源をいかに再生し利用するか，ということが重要になってきます。

　この章ではこれらの諸点について考えてみましょう。

7. 省資源とリサイクル

7.1 省エネルギー

　資源の中でも，水資源や生物資源などは何度でもくり返して使うことができるものであり，再生的資源と呼ばれます（第1章）。そのような資源はその生産量に見合った消費を行い，適正に再生していけば永続的な使用が可能です。しかし，非再生的資源である石油や鉱物資源となるとそうはいきません。

　かつて，石油20年説（あるいは30年説）という説がありましたが，これまで石油は資源探査や開発技術の進歩により年々可採埋蔵量が増加し，何年経っても可採年数が減らない（あるいは増える）という状況がありました。しかし，実際は地球上の石油量は有限であり，石油開発にも当然限界があります。オイルシェールやオイルサンドの利用可能性を除けば，石油の可採埋蔵量も今後はそれほど増加は望めないでしょう。

　また，代替燃料の開発・利用が進み，石油の使用量を減らすことができたとしても，化石燃料としての石油は，このまま使い続ければ，あと100年ともたないことは明らかです（表6.1）。鉱物資源にしても，かなりの種類のものが100年以内になくなることが予想されています（表5.1）。

　このような資源・エネルギーの枯渇という状況，そして前章で述べた地球温暖化という問題に対して，私たちはどう対処すればいいのでしょうか。

　その対策の一つが省エネルギー（省エネ）です。省エネルギーとは，文字どおり現在使っているエネルギー資源の消費量を減らすことですが，それとともに，自然エネルギーやバイオマスなどの再生的エネルギー資源を積極的に活用することも（非再生的エネルギー資源の節約につながるので），広義の省エネとみなすことができます。ここでは，まず，現在のエネルギー消費量を減らすことを中心に省エネについて考えてみましょう。

　省エネの対象となるエネルギー消費で最も多いのは，なんといっても輸送機関（自動車，鉄道，船舶，航空機）によるものでしょう。中でも20世紀にめざましく発達し普及したのは自動車であり，高速道路に象徴される道路網で

す。現代社会を車社会というのはその現れです。

　かつて，戦前や終戦直後のわが国では，自動車は荷物運搬用のものを除けばごく一部の特定階層の人たちだけの乗り物であり，一家に1台の自家用車などというのは夢のまた夢でした。それが高度成長期に起こったマイカーブームを機に，わが国もいつのまにか，車は一家に1台という時代になりました。買い物やレジャーに，そして通勤や通学にもバイクや自動車はごくふつうに使われるようになりました。

　確かに車を使えば，雨や風，寒さ，暑さを苦にすることなく，どこへでも手軽に，快適に，素速く行くことができますし，荷物などの運搬にも便利です。まさに，自動車は現在の陸上輸送の主役なのです。

　しかし，その反面，自動車の普及により市街地の道路網は恒常的に渋滞し，大気は汚染し，毎年何千何万人という交通事故による死傷者が出ているのもまた歴然たる事実です。戦争は終わったはずなのに交通戦争という言葉も生まれており大きな社会問題となっています。

　しかしながら，このように自動車が現代の大きな社会問題になっているといっても，おそらく，誰しも自分が必要もなく自動車を乗り回し排気ガスをまき散らしている，などという意識はもっていないでしょう。むしろ，自分だけは排気ガスの発生を最小限に抑えるよう努力していると思っているかもしれません。そして，延々と続く渋滞の中で自分の前後に連なる夥しい車の行列を目にして，なぜこんなに車が多いのか，なぜこんなに空気が汚れているのか，とうらめしく思ったことのある人も少なくないのではないでしょうか。

　芥川龍之介の小説に『蜘蛛の糸』という短編小説があります。地獄に堕ちた男がやっとつかんだ一条の救いの糸を自らのエゴイズムのために失ってしまうという話ですが，この物語の中で主人公のカンダタがみた蜘蛛の糸に連なる人々の姿は，現代社会でいえば車の行列になぞらえることもできそうです。

　人は誰しも便利なもの，快適なものを求めます。それが科学技術の発展の動機であり原動力でもありました。あえて不便を承知で，健康に良いからと長い道のりを歩いたり，エレベーターやエスカレーターを使わずに階段を上る，と

いうような人は多くないのが現実です。車を減らせ，ガソリン消費を減らせ，というのは簡単ですが，そのかけ声も自分を棚にあげ他人向けだけのものならば，それは欺瞞です。私たちはともすればカンダタに非難や憐憫の眼を向けがちですが，自分たちも知らず知らずのうちに彼と同じような行動をとっている場合が少なくありません。

また，輸送機関とならんでエネルギー消費の大きなものとしては，家庭やオフィスなどの冷暖房があります。特に都会の冷房は，一軒の冷房がその廃熱により周囲の温度を上昇させ，周囲の家もまた冷房せざるをえないという悪循環を生みます。そのため，都市部の気温は総じて高くなり，いわゆるヒートアイランドの様相を呈するのです。加えて，都市部は水田が減ったため相対湿度が低下しており，暑くて乾燥したいわゆる都市型気候をもたらします。

最近は不況のせいか，さすがに減りつつありますが，かつては室内の窓を閉め切り，温度を必要以上に下げ，夏でも背広を着ないと寒いぐらいのオフィスビルもよく見受けられました。家庭などにおいても，冷房の効きすぎで風邪をひく，というようなことも少なくありませんでした。これが夏風邪の原因の一つになり，そのために無駄な医療費を支払うことにもなるのです。

冷房は熱機関に仕事（エネルギー）を与え熱を外部に排出させることにより，室内の温度を下げるもので，原理は冷蔵庫と同じです。冷房は暖房と違って，エネルギー源が電気一本に限定されますので，わが国の電力使用量は冷房使用量の最も多い8月をピークに夏が高くなります。ちなみに，8月の平均電力使用量は，日本人1人当りおよそ1.4 kW（1997年）であり，年平均の0.75 kW（第5章参照）の2倍近くになります。

電気というのは車のガソリンと違って，蓄えができず，使い道が多様ということもあり，使った分だけ充当すればいいというものではありません。あらかじめ必要とされる需要量を予測して発電し，必要量を供給するというシステムをとるため，どうしても少し多めにつくる必要があります。そのため，電力にはつねに余剰分が生じるのです*。

---

* この余剰分の電力の割合を供給予備率という。

7.1 省エネルギー

　一般的に，深夜の電力使用量は日中に比べると少なくなるので，夜間の電力料金を低く設定して夜間の電力消費を促したり，夜間電力を水力発電所の揚水に回して蓄電を行うことなどはこの余剰電力を少しでも有効に用いるための対策です*。

　このような努力にもかかわらず，わが国の電力消費量は年々増加しつつあるのが実状です。車のガソリン消費量も同じですが，省エネや節電の実行は口でいうほど容易ではありません。

　省エネや節電の難しい理由はなんでしょうか。その一つはなんといっても，ガソリンや電気などエネルギーの料金が安いということでしょう。エネルギーを大切にしないのは現在のエネルギーが安価であり，貴重なものだという認識が薄いからであり，倹約する必要性が小さいからです。これは，先進国においては，食糧や資源全般についてあてはまるのではないでしょうか。

　最近の子供たちがバナナや卵をそれほど大切に思わなくなった理由の一つも，それらが大量に生産され安いからでしょう。なぜこれほど安い価格で原料や製品が流通できるのかといえば，輸送手段の発達，すなわち自動車や航空機など交通網の発達が輸送費の低下をもたらしたことがあげられます。そして，現在の交通網の発達は自動車やその燃料としてのガソリンの低廉化，すなわち大衆化にあります。乗用車にしても，運搬車にしても，自動車は現在のサラリーマンの所得やほかの物価からみて，（相対的に）安価になっているのは明らかです。それが自動車の急速な普及を可能にし，トラック輸送をはじめ道路交通による輸送手段の革命をもたらしたのです。もちろん，これにはわが国をはじめとする先進諸国の生産性の拡大と経済成長という成果がその前提にあったことはいうまでもありません。

　ガソリン料金にしても，ほかの物価に比べて安いことは確かでしょう。現在のガソリンの原価は1ℓが30円程度であり，中東諸国では水より安い商品なのです。交通手段の中でも，特に地方ではバスや電車（汽車）などの公共交通機関を使うよりもマイカーで行くほうが安価であり時間も早いので，マイカー

---

*　特に原子力発電は夜間も止められないという事情がある。

利用が急増しました。逆に，バスや電車の利用者は減少し，それが便数の減少をもたらし，ますます利用者を減少させています。貨物輸送もかつての鉄道による輸送からトラックや航空便による輸送に切り替わっています。

わが国における現在のガソリン料金やその中に含まれる税金を高いという人もいますが（実際，わが国の自動車税や車検費用は諸外国に比べて高いのは事実ですし，石油公団がガソリン税を無駄使いしていることなどは断じて許されることではありませんが），もし本当に高いとすれば，運搬用の商用車を別にしても，現在なぜこれだけ多くの人が自動車に乗り，道路を埋め尽くしているのかを考えることも必要でしょう。

酒税を高いといって，大幅値下げをしたら，酒の消費量は確かに伸びるでしょうが，同時に，アルコール中毒患者や飲酒運転者の数も増え，交通事故も増えるということを私たちは忘れてはなりません。

現在の資源・エネルギーの料金は，税金を別にすれば，主として現在の資源の需給関係だけで決められています。当然のことながら，将来の資源供給や環境問題等への対策を見据えた価格設定にはなっていないのが現実です。現在の（そして未来の）資源枯渇や環境問題を考えると，今後はこれらの問題への対策費を考慮した価格設定も検討される必要があるでしょう（前述の環境税など）。

つぎに，広義の省エネの一環として，自然エネルギーや再生的エネルギー資源の利用を考えてみましょう。自然エネルギーとしての太陽光，風力，地熱，水力エネルギー，それにバイオマスエネルギーなどをフル活用することにより，少しでも石油や石炭による火力発電を減らし，化石燃料を温存することが可能であると考えられます。

わが国においても，近年自然エネルギーの利用技術について研究開発が大きく推進されています。しかし，残念ながら現在のところ，自然エネルギーは石油に替わるエネルギー資源というところまでは量的に達しておらず，今後ともそこまでの伸びを短期間で期待することは困難（無理）なようです。

省エネの実現のために，技術的にもいろいろな工夫の余地はあります。第5章でも述べたように，私たちはエネルギー資源のもつエネルギーを100％有

効に利用しているわけではありません。およそ3割のエネルギーは使われずに捨てられているのです。この無駄にしているエネルギーを有効に使うこともエネルギーの節約として大変重要なことです。

エネルギー資源は使用すれば仕事や熱に変化しますが，使用してエントロピーの大きくなった廃熱を，再び動力エネルギーや電気エネルギーとして利用す

コラム 7A

サマータイム

最近わが国でもサマータイム制度の導入が議論されつつありますが，サマータイム制度とはどのようなものなのでしょうか。

サマータイムは海外ではデイライトセイビングタイム（daylight saving time）と呼ばれており，日の出時刻が早まる時期（例えば4～10月）に時計の針を1時間進め，朝の明るく涼しい時間に仕事をはじめ，終業時刻を早くして，夕方の明るい時間を有効に活用しようというものです。

実はこの制度はわが国でも昭和23～26年に一度実施されているのですが，このときは人々の生活習慣に合わないということで世論の反対意見が強く，昭和27年に廃止されています。この制度が最近再び議論されている背景には，二酸化炭素による地球温暖化等，エネルギー問題や環境問題の影響があります。

このサマータイムを導入すれば，朝の通勤ラッシュをいまより涼しく通勤することができ，職場の退社時間や家庭での就寝時間を早めることができるので，それにより，冷房や照明による電力使用量を減らしたり，テレビの視聴時間を減らすことができ，その効果のほどは，わが国の場合，石油で約50万kℓの節約に相当するともいわれています。

また，これ以外にも余暇の過ごし方の選択肢が増え，明るい時間が多くなることにより，夜間の交通事故や犯罪も減らすことができるなど，さまざまのメリットがあるといわれているのです。

しかし，一方では定時に仕事が終わらない職場の場合，実質的には労働時間が増えるという心配もあり，ほかに，時計を直すことによる混乱やコンピュータの対応や交通機関の運行ダイアの調整といった課題も残されています。

サマータイム制度は現在70か国以上の国で導入されており，経済協力開発機構（OECD）加盟29か国中では日本，韓国，アイスランドを除くすべての国において実施されています。なお，アイスランドは白夜になるためサマータイムを導入する必要がないという事情があります。

ることは難しいとしても，熱源として利用することは可能です。この廃熱を冷暖房に用いることも考えられます。このようなエネルギーの複合的な利用はコージェネレーションと呼ばれ利用や研究が進んでいます。また，火力発電や送電によるエネルギーのロスを減らしたり，車のエンジンや電気製品のエネルギー効率*をあげることも重要な省エネとなります。

　もちろん，なによりも重要なことは一人一人の省エネに対する理解であり意識の改革です。省エネといっても，結局，まず一人一人が自らどれだけエネルギーを貴重なものだと認識し，身の回りの生活の中で自ら電気や車の使用量を減らし，エネルギー資源を節約しようと努力できるか，ということにかかっています。それゆえ，資源や環境問題に対して正しい理解がなされるような教育環境の整備や公共施設など社会的システムの構築も今後一層重要な課題となってくるでしょう。そして省エネをすることが，自分たちのため，社会のために有益であり，必要であるということが社会共通のコンセプトとなり，目標となることが強く望まれるのです。

◇◇◇◇◇◇◇◇◇◇◇◇◇◇ 7.2　省資源とリサイクル

　前節ではエネルギー資源の節約について考えましたが，つぎに原料資源の節約について考えてみましょう。

　私たちはエネルギー資源とともに，大量の原料資源を消費し，数多くの製品を産み出しています。そして，その製品は使用の後，不用になったものは廃棄物（ごみ）として破棄し，処分されます。それに対し，使い終えたものを再び使用したり，あるいは修理したり加工してもう一度使うこともあります。これがリサイクル（再利用，再資源化）です。

　リサイクルという言葉は近年よく使われており，新しい言葉のようにもみえますが，実は昔からある概念なのです。むしろ，昔のほうがリサイクルはふつうに行われていたのです。その代表例が質屋や骨董品屋です。現在でいえば，

　＊　エネルギー効率とは（得られる仕事）/（吸収したエネルギー）

中古車センターやリサイクルショップ，また，幼稚園などでやっているバザーや最近流行のフリーマーケットなどがこれに当たるでしょう。本の場合は，昔は古本屋や貸本屋が全国のあちらこちらにありましたが*，現代ではビデオやCDなどのレンタル業がこれに相当するでしょう。

　このほか，傘の修理，靴の修繕，包丁研ぎ，鋸の目立て，古着屋，洗濯屋，表装屋など，少し前までこのような職業は私たちの身の回りに数多く存在していました。このうち洗濯屋（クリーニング）を除いてはいまではほとんどみることができませんが，実は，これらの職業はまぎれもなくすべてリサイクル業であったのです。

　また，廃品回収業（通称，くず屋）というのもありました。これは，紙や鉄くずなど，一度廃棄したものを回収して加工し再利用するものですが，近頃はあまりみかけません。

　廃品回収業の中でも古紙（古雑誌や古新聞紙）をトイレットペーパーなどと交換するちり紙交換業などは現在でも時折みられますが，これもみる機会が以前に比べると少なくなったようです。

　このようなリサイクル業が成り立たなくなった理由はなんでしょうか。それは採算がとれないからです。現在では，傘や靴，衣料品をはじめ電気製品に至るまで，こわれたら廃棄するのが一般的であり，修理するという人はほとんどいません。修理するにしても，悪い部分を直すというよりも，悪い部分を廃棄し，丸ごと取り替えてしまう場合が多くなっています。実際，修理するのも新品を買うのも値段的に大差がなければ，誰しも新しい製品がいいと考えるのは当然ですが，これが現在の使い捨て商品の氾濫をもたらし，修理・修繕業を成り立たなくさせているのです。

　コンピュータにしてもメモリーの容量が大きく，演算処理の速いものが出ると，古いものはゴミ同然のようになります。これはこわれてさえいないのにゴミになる例といえますが，同じような例はほかの電気製品や自動車などにもみることができます。まだまだ使えるのに新しいものに取り替えることは私たち

---

　* 最近古本屋が大規模な中古本屋として復活している。

7. 省資源とリサイクル

の身の回りには実に多く見うけられます。

　また，廃品回収業にしても，回収ゴミの需要が減り，古紙などの価格が下がり，回収業者がゴミ回収によって採算がとれなくなっています。近年はゴミ回収が個人単位でなく，団地や町内会など地域単位で行われ，古紙や空きビン，空き缶なども資源ゴミとして行政主導のもと地域単位で回収*されるようになっていることも廃品回収業の廃業に拍車をかけています。

　ところで，リサイクルといっても質屋や古本屋などのリサイクルショップと廃品回収業やちり紙交換業などのリサイクルでは少し違います。どこが違うのでしょうか。それは，使わなくなったもの（使えなくなったもの）を安くお金に換えるという点では同じですが，前者はそれをほかの人がそのままの形で再使用するのに対し，後者は空き缶や空きビン，古紙などのように，一度融かして，それを原料として再び加工（再生）して使用する，という点に違いがあります。前者を再使用（リユース），後者を再生利用（リサイクル）といって区別することがあります。前者は物自体に製品としての付加価値が残っているものを再度利用するものであり，後者は製品としての価値がほとんどなくなっているものを原料として再利用するものです。

　もっとも，両者の違いは必ずしも明確ではありません。前者に属するものの中にも中古車センターの中古車などのように，かなり大きな修理が施されて店頭に現れるものもありますし，逆に，後者に属する空きビンなども，割れたり，ひびが入ったりしていなければ，まだ使用価値があり，ビールビンのように洗浄して，そのままの形で再使用するもの（リターナブルビン）もあるからです。したがって，厳密には両者の区別は明瞭ではなく，どちらも広義のリサイクルと考えるべきでしょう。

　いずれにしても，リサイクルにはエネルギーがかかり，手間とお金がかかることは確かです。

　ここで，一度製品化され破棄された資源が再びリサイクル資源として使える

---

* 現在，古紙などの交換により得られるお金は行政からの補助金として，地域の自治会の収入に繰り入れられるようになっている。

ための条件を考えてみましょう。

　まず第1は，再生（再製品化）のために必要なエネルギー（コスト）が製品を最初に一次資源からつくるときのエネルギーに比べて小さいことです。これが経済的な採算につながります。2番目は，その資源の資源量に限りがあり，リサイクルにより天然からの資源採取を抑え資源の寿命を延ばすことができることです。そして3番目としては，リサイクルによって環境破壊を抑止し，地球環境の保全に役立つこと，などがあげられます。

　鉱物資源の消費状況や枯渇については，すでに述べましたが，鉱物資源の中でも，特に金属資源は可採年数が短く，リサイクルの必要性が高くなっています。鉄をはじめ，アルミニウム，銅，鉛，水銀，金などは，よく使用されているものだけに，枯渇すればその影響はきわめて大きいものがあり，このような金属については地方行政でもリサイクルが重視され，空き缶の分別回収など，すでに全国各地で実施されています。

　ここで，リサイクルが有効な金属の代表的な例としてアルミニウムについて考えてみましょう。第5章で述べたように，アルミニウムの製錬は原料のボーキサイトを還元し，溶融電解することによりなされますが，その際多量の電力を必要とします。アルミニウムはアルミ缶による需要だけでも相当な量になりますが，一次資源からのアルミニウム生産量は，現在1人当り年間3.8kg程度に達しており，その生産に要する電気量もたいへんなものになります。

　それに対し，リサイクルでの製造では熱溶融だけでよいので，溶融電解に比べ，およそ2.8％の電力消費で賄え，エネルギーの大幅な節約ができます。もちろん，資源のボーキサイトも節約できることはいうまでもありません。

　最近わが国では，清涼飲料水用にはアルミ缶に代わって値段の安いスチール缶が多く使われるようになっていますが，まだまだアルミニウム自体の需要は高くなる傾向にあります。それゆえ，省エネ，省資源のためにアルミニウムの積極的なリサイクルが求められるのです。

　表7.1には，現在リサイクルが行われているおもな資源ゴミのリサイクル率を示しました。金属としてはこのほかに金や銀などの貴金属もありますが，貴

表 7.1 わが国の廃棄物のリサイクル率〔%〕

廃棄物の種類	1988	1989	1990	1991	1992	1993	1994
古紙	47.9	48.2	49.7	50.8	51.0	51.7	51.7
スチール缶	40.7	43.6	44.8	50.1	56.8	61.0	69.8
アルミ缶	41.7	42.5	42.6	43.1	53.8	57.8	61.1
ガラス	49.2	47.5	47.9	51.8	56.2	55.5	55.6

金属は通常,装飾用として多く用いられており,使い捨てされるようなものは少ないので,もともとある程度リサイクル的な使用用途をもつものともいえるでしょう。

つぎに,私たちが日ごろたいへんお世話になり,従来よりリサイクルが行われている紙について考えてみましょう（第5章）。近年,紙の使用量は大きく増加しており,木の大量消費（伐採）をもたらしていますが,現在,このような木の大量伐採の速度に木の再生（成育）速度が追いつかず,本来再生的資源であるはずの木が非再生的資源化しているという状況が生まれています。

前章でも述べたように,地球上の森林は毎年減少（年間15万 km^2）し,破壊されています。そして,それによる二酸化炭素濃度の増加が地球温暖化や異常気象など,地球規模の環境問題にも大きな影響を与えているのです。

表7.1に古紙のリサイクル率も示されていますが,わが国の現在の紙のリサイクル率は金属などよりやや低いですが,およそ50%程度となっています。リサイクル率が50%ということは,日本人は1人当り,紙として年間4本の立木を消費していることになりますので（第6章）,リサイクルにより1人当り年間2本の立木を節約していることになります。

採算の面でいえば,現在のところ,再生紙は採算はとれていませんが,森林資源を守る意味でも,地球環境を護る意味でも,再生紙を利用することは大きな意味があります。今後は再生紙の有効活用とともに無駄な紙の使用を控えるなど,紙の使用量自体を減らす努力も必要といえるでしょう。

紙の使用を減らす方法の一つとして,情報革命の時代といわれる現代では,情報機器を活用し,情報伝達のための紙の使用を減らすことが考えられています。例えば,パソコンは書類作成や情報伝達の速度を著しく高めると同時に,

その情報はディスクに保存し，必要なもののみプリントアウトするようにすれば，紙の使用量を抑えることができます。

また，郵便の代わりに電子メール，本の代わりに電子書籍を用いたり，辞書などの大型書籍もCDロム化*して，必要なところだけみたり，プリントするようにすれば，紙や空間（収容スペース）の大幅な節約となります。

最近は本の注文もインターネットで行い，注文数に応じて出版できるようなシステムも整いつつあります。これにより書店の混雑を減らすことや，現在40％以上返本率のある無駄な出版を防ぐこともできると考えられています。

このように情報機器を用いた情報伝達は今後ますます盛んになると思われますが，これからは買い物や取引や投資なども家庭にいながらにして，行うようにすれば自動車の使用頻度を下げることになり，交通渋滞の緩和や化石燃料の節約にもつながります。そして，その時間を家庭サービスや周辺の公園の散策にでもあてれば心身の健康増進にも役立つことになります。

さて，実際に金属や紙などのリサイクルを行う場合について考えてみましょう。まず，回収に先立ち廃棄物やごみの選別を行わなければなりません。これを分別収集といいますが，現在行われているのは古新聞や雑誌などの古紙のほかに，空き缶，空きビン，金属容器，牛乳パック，古布，古電池などの資源ゴミ，小型電気器具，陶磁器，ホース，ペットボトル，廃プラスチック，板ガラスなどの不燃（破砕）ゴミ，そして，それ以外の生ゴミ，紙，皮，木竹などがふつうの可燃ゴミとなります。これ以外の，家具や電気製品など大型のものは粗大ゴミと呼ばれ，その回収は有料です。

現在のところ，この中の資源ゴミがリサイクルされ，利用されているわけですが，最近では貴金属である金など，不燃ゴミの中にある金属も破砕処理をして選別し，再資源化が行われつつあります。これにより，埋め立て処理する不燃ゴミの量を少しでも減らし，金属を有効利用することができるのです。

なお，家庭などから大量に出る廃プラスチックの処理については，1995年に制定され，1997年から施行されている『容器包装リサイクル法』により，

---

  * イギリスの伝統的大百科辞典のブリタニカも最近CDロム化された。

西暦 2000 年度から不燃ゴミとは別途分別収集されるようになっています。これは食品の包装材など，家庭から大量に出される廃プラスチックを，コークスの代替品として資源化し，再利用するシステムの開発にともない施行されるもので，このシステムは西暦 2000 年度からスタートします。また，2000 年度から新たに段ボールや紙製容器包装も分別収集されます。

また，1998 年にわが国でようやく電気製品の部品の再利用を義務づける『特定家庭用機器再商品化法（家電リサイクル法）』が法制化され，2001 年度から本格的に施行されることになりました。これは廃棄物処理や再利用の義務を消費者だけでなく製造者側にも課すものであり，これによりリサイクルしやすい製品の製造や廃棄予定機器の部品の有効利用が促進され，廃棄物を減らすことにつながるものとして期待されています。これまでこのようなリサイクルを実行している代表例としては，使い捨てカメラの再利用をあげることができます。

このように，廃棄物処理やリサイクルのより円滑な実施・運営がなされるためには，そのための法整備や社会基盤の整備が不可欠であり，今後ともさらなる充実が望まれます。もちろん，なによりも大切なことは，私たち一人一人が廃棄物をできるだけ出さないことであり，毎日の生活の中で，リサイクルや分別収集を徹底させるなど，地道な努力と工夫を重ねていくことが大切であることはいうまでもありません。

7.3 資源の循環

前節では質屋や古本屋などのリサイクルショップ，各種修理・修繕業，また，空きビン・空き缶などのリサイクルについて述べましたが，リサイクルといえば，金属や紙などのリサイクルのほかにも重要なリサイクル資源があります。それは，私たちが毎日その恩恵を受けている水や空気です。水や空気は私たちがリサイクルということをいい出すはるか以前の昔から，この大自然の中で営々とリサイクルがなされているのです。これが再生的資源としての地球上

の水や大気の循環です。

この水や大気の循環について，その中の水と大気中の二酸化炭素を構成する炭素の循環について考えてみましょう．**図7.1**に水の循環を，**図7.2**に炭素の循環を示しました。

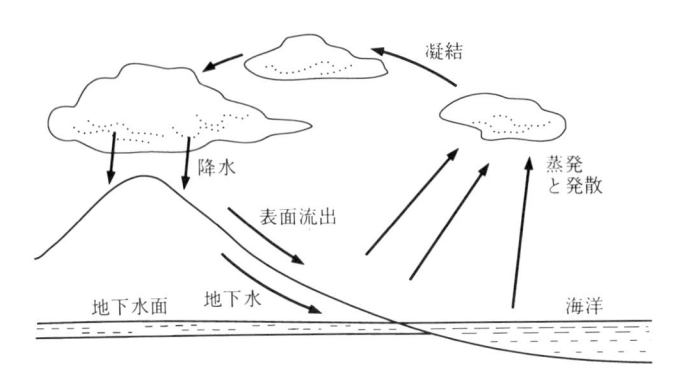

図7.1 水の循環

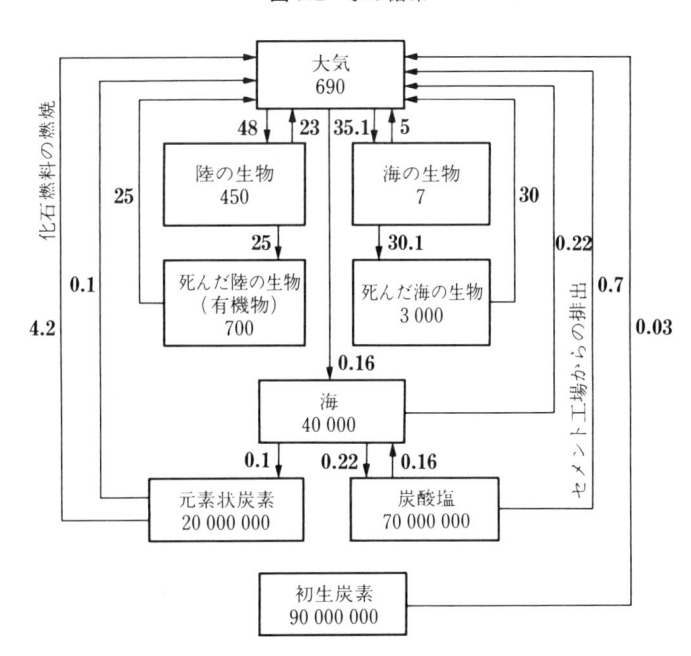

数値は炭素量の単位で10^{15}g，太字の数値は1年当りの移動量
図7.2 炭素の循環（Holland, 1978 ; Lasaga, 1981）

7. 省資源とリサイクル

　水は蒸発し，雲となり，雨となって地表に降り注ぎます。そして，多くのものを溶かし，潤し，成長させ，川となって山野を下り，やがて海へと合流し，再び蒸発して浄化されます。このように，水は巧妙なサイクルをなして，私たち生きとし生けるものの生命を育んでいるのです。これが水の循環です。

　高田三郎という人の合唱曲に『水のいのち』* という名曲がありますが，この曲は上に述べたような自然界が織りなす水の壮大なドラマと働きをいきいきと描き出した作品です。

　また，炭素は生物体を形成し，生物体の呼吸作用で二酸化炭素として排出されます。植物はその二酸化炭素を吸収して光合成を行うことにより成長し，動物はその植物を食べて成長します。生物体は死滅の後は腐敗，分解した後，再び生物体に吸収され新たな生命体として再生します。また，海洋に吸収され沈殿した炭素や炭酸塩は，長い年月の後に化石燃料や石灰石として地上に取り出され，利用された後，再び大気や大地に戻ります。これが炭素の循環です。

　このように水や炭素は自然界において悠久の昔から循環をくり返し，大気を浄化させ，私たちの生命活動を維持させてきたのです。

　ところが，実は，この水や炭素の循環にも近年異変が起こっているのです。かつてわが国では「水と安全** はタダ」といわれたように，わが国の水は世界に誇りうるおいしい質のいい水でしたが，その水が農薬の使用や急激な工業化，都市化の波とともに次第に汚染され，味が落ち，いつの間にか欧米のように水は買って飲むか，浄水器を通してでなければ飲めなくなりつつあります。

　また，異常気象による集中豪雨や異常渇水が，わが国のみならず，世界各地で頻発しており，毎年のようにエルニーニョ現象*** が発生し，水不足もしだいに日常化しつつあります。これは水質汚染や大気汚染などかつて公害と呼ば

---

　* 高野喜久雄作詞，高田三郎作曲の混成合唱組曲で，「雨」，「水たまり」，「川」，「海」，「海よ」の5曲からなる。
　** 近年わが国で発生した毒ガス事件や毒物混入事件は，法治国家であるわが国が，治安の面でももはや安全な国ではなくなったことを示している。
　*** 南米近くの局所的な海洋表面の温暖化現象で，地球規模の気象現象に影響を及ぼすことが明らかとなっている。海底火山が原因という説もある。

れたものよりもはるかに大きな規模で，地球上の水の循環や大気の循環に異変が起こっていることの表れであると考えられています．

また，炭素の循環については，すでに述べたように（前章），これまで長い間一定であったはずの大気中の二酸化炭素濃度が，現在，地球的規模で上昇しており，地球の温暖化の原因となっています．これは生物の呼吸や火山活動などにより発生する二酸化炭素が，これまで植物の光合成や海洋による吸収，沈殿などにより消費される二酸化炭素量と釣り合いの関係にあったものが，今世紀に入っての急激な化石燃料の燃焼や森林の減少により，バランスをくずしつつあることを示すものと考えられています．

このように，本来再生的資源であり，定常状態を維持すべきはずの水や炭素の循環が近年異常をきたしており，それにより地球全体にさまざまの異常事態が発生していると考えられているのです．

また，自然のサイクルといえば，地球上で巧妙なサイクルを形成しているものとして，炭素循環のところですでにあげた生物があげられます．生物は地球上で生物圏を形成し，動物，植物，小動物，小植物，微生物等，生態系全体として相互依存のサイクルをなし，定常状態を形成しています（図7.3）．

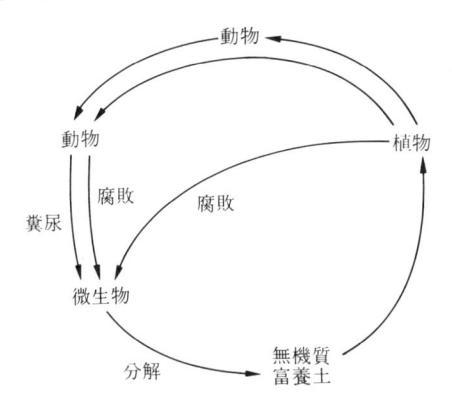

図7.3 生態系の物質循環

一般に，資源は消費すれば廃棄物になります．廃棄物はもとの資源に比べれば，物質としてはエントロピーの高い状態になっているわけですが，まったく使えない状態になったわけではありません．生物の場合，生物の死骸や排泄物

はその生物にとっては廃棄物ですが，土壌中の微生物にとっては栄養源であり，微生物によって腐敗し，分解した物質が肥料となり，それが植物の栄養源となります。そして，それらの豊富な土は土壌という有用な資源となって植物を生育させ，生育した植物はそれを食する動物の食糧資源となるのです。

このように，生物界における資源や廃棄物というのはあくまでも相対的なものであって，生物は図7.3のようなサイクルを形成することにより，相互依存の関係（敵対的共生関係）で生きていることがわかるのです。

このような生物サイクルの中での微生物の働きを，ゴミ処理や汚水処理に応用することもできます。これは，私たち人間にとってゴミであるものも微生物にとっては資源となるという事実をうまく利用したものです。

実際，台所で出る生ゴミはゴミ全体の約1/3を占め，私たち人間にとっては重く，臭く，不潔で処理に困るものですが，微生物の入った木のくず（バイオチップ）の中に入れ，適度な温度に保つと，ゴミは約1日程度で水と二酸化炭素などに分解されてしまいます。そして，後に残ったバイオチップは園芸用の肥料として有効に利用することができ，可燃ゴミとして処理することもできるのです。このようなゴミ処理は土壌中でも行うことができます*。

また，下水などの汚水処理には活性汚泥を用いた微生物による汚濁物質の分解が利用されることもあります。

このほか，微生物を用いて木や穀物のくずから，発酵によりアルコールやメタンガスなどの燃料をつくったり，生ゴミや工場の廃液，あるいは人間や動物の排泄物をメタン発酵させ，燃料として利用する試みもなされつつあります。これらは微生物を利用したバイオマス廃棄物の再利用です。

このような微生物を用いたゴミ処理はこれからの重要な研究開発課題であり，今後ますます研究され広く利用されていくことが期待されています。

さて，水や生物のような再生的資源のリサイクルに対して，金属鉱物資源など非再生的資源は一般的にリサイクルが困難です。製錬された鉱石は金属となり利用された後に廃棄されますが，廃棄された金属は，そのままでは不可逆的

---

* このような生ゴミ処理をコンポスト（堆肥）化という。

にたまる一方であり，人為的にリサイクルをしない限り，決してもとに戻ることはないようにみえます。

しかし，実は不可逆的に廃棄された金属も，長い目で見れば徐々に拡散し，非常にゆっくりとではありますが，地球上を移動し循環しているのです。鉱石にしても，廃棄物にしても，地球上の物質は長い時間を経て，風化・溶解して，河川や海洋を移動し，やがて沈殿し，堆積して地殻に戻っていきます。

第1章で述べたように，地殻の下にあるマントルは固体ですが，流動性をもち，ゆっくりと移動（対流）していることが知られています。これをマントル対流と呼びますが，その上に乗る地殻はマントル対流とともに移動し，再びマントルに取り込まれます*。私たちが利用している金属元素も，このような長いタイムスケールでみれば，地球的規模で移動し循環を行っていることがわかるのです。

地球上の物質や物質の構成元素はさまざまの形で，また，さまざまの周期でサイクルを形成し，循環していることが知られています。これを物質の循環，元素の循環といいます。私たちが排出するゴミや廃ガスも，人為的な処理とともにこのようなサイクルにうまく組み込まれていけば，自然のリサイクルが成立するのです。

しかし，金属鉱物資源などをはじめ，現在の私たちの物質消費速度は，このような現在の廃棄物処理速度や地球のもつ自浄作用や自己修復作用などの速度に比べると，はるかに大きなものになっています。金属鉱物資源はひたすら減少し，ゴミや二酸化炭素などの廃ガスはたまる一方であり，現在の地球上の物質収支は地球が本来もつ物質収支とは大きくかけ離れたものになっているのが実状なのです。

私たちの社会は外から大量の資源を取り込み，エネルギーや製品を生み，廃棄物や廃熱を放出するという流れの中で，さまざまの社会活動，経済活動を維持しています。その点では生物が食物摂取や呼吸によりエネルギーを獲得し，排便や発汗などの排泄作用により老廃物を排出し，生命を維持していることに

---

* このようなメカニズムをプレートテクトニクスという。

似ています。

　一時期「地球は生きている」というような表現が流行しました。巨大なこの地球も一つの生命体であり，定常的な物質代謝が必要だというメッセージです。もしそうならば，私たちは，まず水や空気や生物資源のような再生的資源を正しく再生し，定常状態を保持できるような環境をつくり，維持していくこ

コラム 7B

循環型社会とは

　最近はわが国でも「容器包装リサイクル法」をはじめ，「特定家庭用機器再商品化法」などリサイクルを推進するための法律がつぎつぎと制定され，ようやく日本社会も大量消費，大量廃棄の時代から適正消費，リサイクル消費の時代に移行しつつあるようです。新たなミレニアムの出発である 2000 年度からは上記の法律が相次いで完全施行されるとともに，新たに「循環型社会形成推進基本法」が制定されました。ここで，この法案でいう循環型社会とはいかなるものであるのかを考えてみましょう。

　循環型社会とはこれまでの大量生産，大量消費，大量廃棄型の社会を変革し，天然資源の消費を抑え，ゴミの発生をできる限り減らし，環境への悪影響を最小限にする物質循環（リサイクル）を中心にすえた社会です。

　「循環型社会形成推進基本法」では，循環型社会を実現するために，廃棄物について具体的につぎのような点を実行すべきとしています。

1. 発生の抑制（リデュース）
2. 再使用（リユース）
3. 再利用（リサイクル）
4. 熱としての再利用
5. 適正な処分

　最初の三つが，いわゆる三つの R で，広義のリサイクルであり，中でも廃棄物を出さないリデュースが最初にきているのは，それが最も重要であることを示しています。すなわち，資源は再利用さえすればどんどん使用していいというのではなく，まず資源の消費そのものを極力押さえること，そして少ない資源をリサイクルで有効に使っていくことが大切で，このような社会を循環型社会というのです。現在の社会をこのような社会に円滑に移行していくためには，国や地方自治体だけでなく，事業者や国民一人一人がそれぞれの立場で自覚と責任をもって日頃から地道にその実践に取り組んでいくことが必要でしょう。

とが大切になります。そして，非再生的資源についても，私たちの積極的努力で，できるだけ使用量を減らし，再使用や再利用を心がけて環境への負荷を少なくし，少しでも長く利用できるような工夫が必要です。

これからの時代は，これまでの使い捨て全盛の社会システムを再検討し，環境への負荷を考慮した省エネや省資源，リサイクルを中心とした新たな物質循環の仕組みへと社会を再構築していくことが必要であるといわれています。これが省資源，省エネルギー社会であり，資源循環型社会*（リサイクル社会）と呼ばれるものです。これについては，つぎの最終章の中で再び取り上げてみたいと思います。

---

 * 2000年には「循環型社会形成推進基本法」が法制化された。

8. 未来の資源・エネルギー

　人類がこの地上に誕生してすでに400万年以上の月日が過ぎようとしています。人類はこれまでほかのどの生物もなしえなかった道具を利用してものを生産するという行為を発案することにより，自然を開発し，利用して数々の文明を築いてきました。資源とは人類のこの生産行為に不可欠なものであり，多くの人々を養う基盤であり，この社会を動かす原動力であったともいえるでしょう。

　その資源がいま枯渇の危機にあり，また，地球環境を汚染し，破滅にさえ導きうるものとして，その消費のあり方が問われようとしています。私たち人類はいまや，多量の資源消費をともなうこの巨大な現代文明を維持することに苦慮しており，このような資源消費中心の文明自体を見直す時期に来ているのかもしれません。

　しかし，この広い地球には，そして宇宙には，まだまだ私たちの知らないすばらしい資源やエネルギーがどこかで眠っているかもしれません。あるいは，もしかすると将来，資源・エネルギー問題や環境問題を抜本的に解決する新しい技術や方法がみつかるかもしれません。

　最終章となる本章では，最近発見され注目されているいくつかの新しい資源を取り上げ，これからの資源としての可能性を探ってみたいと思います。また，新しいミレニアムの新しい世紀を迎え，これからの私たちの地球環境にとって，環境にやさしい資源，また，環境にやさしい技術や生活スタイルとはどのようなものか，についても考えてみます。そして，最後にかけがえのないこの地球の未来について考えてみたいと思います。

8.1　不思議な資源

(1)　マンガン団塊

　一般に，鉱物資源といえばいわゆる鉱山で採掘されるものと思われがちです

が，1873年，太平洋の深海底（3 000〜6 000 m）にマンガンの鉱石が広く分布しているのをイギリスの探検船（海底観測船）チャレンジャー号が発見し，人々を驚かせました。これはマンガン団塊（manganese nodule）と呼ばれ，発見後はマンガンの新たな鉱石として世界中の注目を浴びました。

マンガン団塊は東太平洋の赤道から北緯20度くらいまでの範囲で東西方向に帯状に分布しており，マンガンや鉄のほかにニッケル，コバルトなどの希少金属（レアメタル）や，銅，チタンなど多くの金属元素を含み，鉱石として非常に高品質で優れたものです。しかも，この深海底のマンガン団塊の総量は実に1兆7 000億トンともいわれ，陸上のマンガン鉱石の数十倍の量に達するのです。図8.1，図8.2にマンガン団塊の写真，表8.1にマンガン団塊中の金属存在量を示します。

このような多量の鉱石がどのようにしてできたかについては，海底火山説，コロイドイオン説，バクテリア説などいくつかの説がありますが，現在でも決定的な説はありません。この深海底の鉱物資源は採掘上の問題などもあり，現

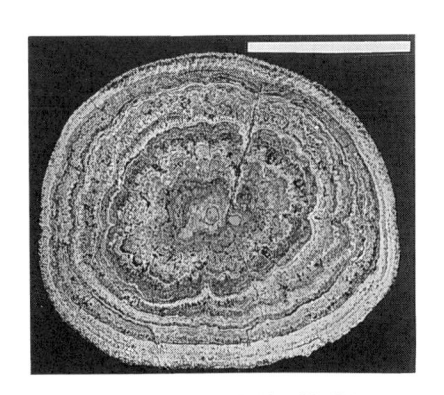

図8.1 マンガン団塊の断面図
（スケールバーは1 cm）

図8.2 マンガン団塊の海底での賦存状況
（いずれも産業技術総合研究所
臼井　朗氏提供）

表 8.1 マンガン団塊中の金属の推定存在量

元素	マンガン団塊中〔トン〕	陸上の埋蔵量〔トン〕
マンガン	1 375 億	50 億
ニッケル	63 億	1 億 4 000 万
銅	50 億	6 億 3 000 万
コバルト	58 億	900 万

在のところまだ利用されるには至っていませんが，今後の重要な金属鉱物資源となりうるものです。

また，マンガン団塊の発見後，同じマンガンの鉱石で，コバルトの量がマンガン団塊の3～4倍（約1％）含まれる層状に堆積した鉱石が太平洋の中部から西太平洋にかけてみつかりました。この鉱石層はコバルトリッチマンガンクラストと呼ばれています。

コバルトリッチマンガンクラストは水深1 000～2 000 mというマンガン団塊よりもはるかに浅いところに賦与するので，開発にとっても有利であり，その活用が期待されますが，マンガン団塊と同様，現在のところ，まだ採掘し利用できるところまでは至っておらず，今後の有望な金属鉱物資源であるといえるでしょう。

（2） 海底熱水鉱床

火山や温泉といえば，鉱山と同様に，私たちは人里離れた山間の地域を思い浮かべるかもしれません。しかし，実は深い海の底にも温泉や火山は存在するのです。

1977年，東太平洋のガラパゴス諸島沖の深度2 500 m，摂氏零度に近い海底に数百度（200～300 ℃）におよぶ熱い熱水が噴出し，その周囲に鉄，銅，亜鉛，鉛，金，銀などの金属を含む硫化鉱物がチムニー（煙突）状に沈殿し，堆積しつつあることが米国の深海底調査船により見い出され，試料の採取が行われました。

それ以後，メキシコやカナダなどの太平洋沖合やわが国の沖縄近海などでも，この海底熱水やチムニーの存在がつぎつぎと見い出され（図8.3），周辺の海水はこの熱水により供給される熱や溶存成分により，特殊な生物の多様な

8.1 不思議な資源　*131*

図 8.3　海底熱水の噴出とチムニー
　　　　（海洋科学技術センター提供）

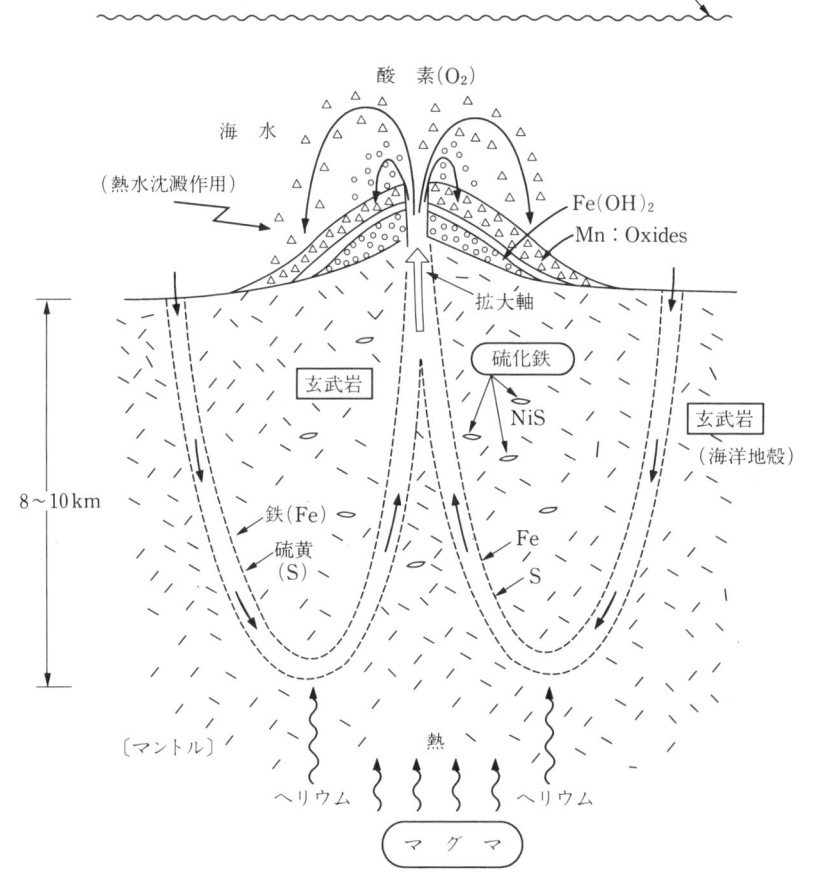

図 8.4　海底熱水鉱床の生成機構

繁殖がみられることが明らかとなりました。

このような海底より噴出する熱水のもたらした沈殿堆積物鉱床を海底熱水鉱床と呼びます。海底熱水鉱床は，海洋底からしみ込んだ海水がマントルから供給された熱によって熱水となり，深部から上昇する熱水とともに海洋底地殻内を循環し，そのとき海洋底地殻から溶出された成分が海底で海水と反応して沈殿し，堆積したものと考えられています。その沈殿堆積物の生成機構の模式図を図8.4に示しました。

沈殿堆積物中の硫化鉱物の品位は平均して，銅10％，亜鉛29％，銀290〜480 ppm 程度と高く，中には金の含有量の非常に高い鉱物が含まれていることもあります。海底熱水鉱床は，先に述べたマンガン団塊とともに，将来の鉱物資源の供給源として大きな期待が寄せられています。

（3） 天然ガス包接化合物（ガスハイドレート）

天然ガスは石油，石炭とならぶ化石燃料であり，地下にガス状態で蓄積された炭化水素を掘り出したものですが，最近，深海底の低温高圧下の堆積物や高緯度の永久凍土の中から，これまで知られていなかった新しいタイプの資源がみつかっています（図8.5）。また，同様のものが，その後日本近海でも見い出されています。

図8.5 採取されたガスハイドレート（東京大学 松本 良氏の論文より）

これは水分子が固体状態でつくる立体網目状構造の中にメタン等のガス分子が包接された固体物質（クラスレート）で，低温・高圧でのみ生成するものであり，ガスハイドレート（メタンハイドレートともいう）と呼ばれている物質

です。

　その資源量は陸海合わせて世界全体で実に数百兆から数万兆 m^3 と推定されており，これは現在推定されている天然ガスの推定埋蔵量（表6.1参照）の数倍から数百倍規模の量に相当します。したがって，ガスハイドレートは将来，その利用が可能になれば，きわめて有望なエネルギー資源となりうるものであり，現在その利用法が研究されつつあります。

　また，これとは別に深層ガスというマントル起源のメタンガスが地下深部に大量に存在するという予測もなされており，その存在が確認されれば，これも将来の有用なエネルギー資源として期待できます。

　天然ガス資源は今後とも豊富に採掘できるエネルギー資源の一つですが，マンガン団塊などと同様，どのように取り出して輸送するのかという課題が残されています。

8.2　地球にやさしい資源

　現代の科学技術文明を支え，これまで広く用いられてきた石油など化石燃料資源の残存量に翳りがみえはじめ，その燃焼により生成する二酸化炭素が地球温暖化の原因となることなどから，代替エネルギーとして，太陽エネルギーや風力エネルギーなどクリーンな自然エネルギーの活用や，原子力発電および高速増殖炉や核融合など核エネルギーの利用技術の開発が推進されてきたことはすでに述べてきたところです（第4章）。

　しかし，現在のところ，エネルギー生産量に占める自然エネルギーの割合は，水力発電を除けば，すべてあわせても1％程度に過ぎず，きわめて小さいといわざるを得ません。原子力発電にしても燃料としてのウラン量に限りがあり，その後継として，かつては半永久的な夢のエネルギーとして期待された増殖炉型原子力発電や核融合発電も，安全性の点など技術的に困難な問題を多くかかえており，いまだに実用化の見込みはついていないのが現状です。

　そのような中，近年突然わき起こった常温核融合は，一時期全世界の注目を

8. 未来の資源・エネルギー

集めましたが，これもその後まったくの誤解であることがわかり，期待はずれに終わったことはすでに述べたとおりです。

ここでは，これからの時代を担う，化石燃料に替わるエネルギー資源の可能性について考えてみましょう。

（1） 地熱発電

地熱発電（第4章参照）は，現在のところ，世界的にみても電力供給のわずかの部分を占めるに過ぎませんが，火山国であるわが国やイタリアなどでは，実は，可能性を秘めた将来の有望なエネルギー源であるといえます。

地熱発電は，現在は地下 2 000 m より浅いところに賦与する天然貯蔵層を対象としたものですが，より深い部分にある深部地熱資源や高温岩体などを利用すれば，その潜在的な発電能力を大幅に拡大できるといわれています。

わが国の場合，その潜在的発電能力はおよそ3億kWといわれており，発電効率を考えても，現在の100倍の3 000万 kW 以上の電力供給，すなわち現在の消費電力全体（第5章参照）のおよそ30％程度の電力供給が可能であるという見積もりもあります。現在のわが国の地熱発電量は30万 kW 程度ですが，その拡大をめざし，現在，全国の地熱地域で研究・開発が進められています（図4.7）。

ただ，地熱発電は火山の噴火など災害の危険性をともなうので，施設の安全面での十分な配慮が必要であるとともに，火山ガスや熱水の放出をともなうため，河川流域の水質汚染や大気汚染，酸性雨など環境に与える影響も十分に考慮する必要があります。また，立地条件が国立公園などである場合も多いので，その開発に際しては事前に十分な調査が必要であり，行政や地域住民の理解と協力が必要といえます。

（2） 太陽光発電システム

太陽の光エネルギーを直接電気エネルギーに変換する太陽光発電は太陽電池を用いるため，大規模な発電には適しませんが（第4章参照），家庭レベルでこの太陽光発電システムを導入することにより，家庭内の消費電力を家庭内でまかなうことが考えられます。

このような太陽光発電システムを組み込んだ住宅（電化住宅）は，電力を自給することができるので，遠方からの送電が不要であり，送電による電気料金もかかりません。また，火力発電による電力供給を減らすことができるので，環境にもやさしい住宅であるといえるでしょう。

現在のところ，このシステムの問題は太陽電池の性能と発電設備のコストですが，今後，太陽電池のエネルギー変換効率が上がり，設備のコストを下げることができれば，この発電システムは十分実用可能であり，将来はこのようなシステムを組み込んだ住宅が増えることも予想されています。わが国の太陽光発電は2010年度には約500万kWの発電量を目標としています。

また，太陽エネルギーを熱エネルギーに変換し，給湯，冷暖房等に利用するソーラーシステムは現在すでに広く実用化されていますが，これも，さらにコスト低減などの技術開発がなされれば，一層の普及が期待できるでしょう。また，現在，ソーラーシステムを産業用に利用することも計画されています。

さらに，太陽光を宇宙で受け，電力に変え，電波により地球に輸送する太陽発電衛星技術等の大規模利用技術や，月などでの発電に関する技術についても，現在，米国を中心に研究が進められています。

（3）風力発電

風力エネルギーも，太陽エネルギーと同様，化石燃料に替わるクリーンなエネルギーとして注目されているものです。

現在，わが国の風力発電量は約80か所で5万kW程度ですが（第4章参照），全国的に民間風力発電基地が続々と建設されつつあり，今後の更なる発展が期待されています。これには北海道や日本海の強風地域の利用・活用が考えられており，計画段階も含めると，北海道だけでも55万kWの出力が見込まれています。これは現在の北海道電力のおよそ10％に相当する電力になります。

風力発電は離島や山間部など都市からの遠隔地では，地域の電力をまかなうものとしての利用価値も高く，地方の電力会社の電力供給を助けるものでもあります。その普及のためには電力会社がその電力を買い取ること（買電制度）

も重要であり，わが国でも現在，推進されつつあります。

風力発電はすでに米国やデンマーク，ドイツ，オランダなどで，自然エネルギーの活用として積極的に推進され，利用されています。

わが国でも，最近になり活発に研究が行われており（図4.6），新エネルギー導入大綱には2010年度に約15万kW程度の導入を目指すと明記されていますが，現在ではさらにそれを上回る約30万kWの目標を掲げ，準備が進められています。

（4） 水素と燃料電池

水素はガス燃料としてはたいへん軽く，大きな火力（121 kJ/g≒29 kcal/gで同重量のメタンの2.4倍）をもっています。また，この水素を燃料電池として発電に用いることもできます。

水素ガスの原料は地球に無尽蔵にある水であり，この水素燃料は燃焼しても，燃料電池として用いても，水以外の排気ガスを何も発生しないため，環境に非常にやさしいクリーンな燃料といえるでしょう。また，水素を用いた燃料電池によるモーターの効率は60％と高く，内燃機関よりすぐれているのです。

この水素を有効な触媒を用いて二酸化炭素と反応させ，メタンなどの燃料に変え，再資源化することも可能であり，二酸化炭素の削減に利用することも考えられています。

しかし，この水素を水の電気分解で得ようとすると，大量の電力を使用することになり，発電の大半を化石燃料によっている現状では，結果的には化石燃料を消費することになり，二酸化炭素の削減にはつながりません。

水素を石炭のガス化や水性ガス転換などの化学反応によって生成させる方法や，石油から得られるナフサや天然ガスに高温の水蒸気を作用させる石油分解法によって生成させる方法もありますが，いずれも石炭や石油などの化石燃料を原料とするものであり，生成時に二酸化炭素を生成する，という難点があります。

電気分解とは異なる方法で水から水素を得る方法としては太陽光を用いて光化学的に水を分解する方法があります。この反応は白金を微量に添加した二酸

化チタンを触媒として使用することにより実現可能となったものです。水素の製造法としては，将来的には，つぎにあげるバイオマスからの水素生成も環境にやさしい製造法として有望です。わが国では2010年度までに燃料電池による電力供給をおよそ220万kWまで拡げたいと計画しています。

（5）　**バイオマス**

これからの環境にやさしいエネルギー源として最も期待できるものの一つがバイオマス（第4章参照）です。バイオマスは，石炭や石油が利用されるようになる以前には薪や木炭などとして広く利用されていましたが，石炭や石油の消費量の増加とともに，その利用は急激に減少しました（第5章参照）。

近年，化石燃料の枯渇問題や環境汚染問題の台頭とともに，再びバイオマスエネルギーに目が向けられるようになり，その利用は植物，動物全般，それにバイオマス廃棄物やプランテーションなどにも広がっています。

バイオマスは空気中の二酸化炭素を生物作用で固定化したものですから，燃焼しても再び二酸化炭素を大気中に戻すだけであり，栽培し再生さえすれば，大気中の二酸化炭素濃度を増加させることにはなりません。それゆえバイオマスはクリーンなエネルギーといえるのです。

バイオマスエネルギーにはその燃焼による発電をはじめ，バイオマスの発酵によって得られるアルコールやメタンガス（バイオガス），あるいはバイオマスから抽出される油分を利用するものなどさまざまのものがあります。

これらの中にはすでに実用化されているものも多く，アルコールを単独で，あるいはアルコールをガソリンと混合して，自動車などの燃料に用いたり，原料資源として利用することも行われています。

また，メタンガスを部分的に酸化して一酸化炭素とともに燃料電池用の水素を得ることもできます。

$$2\,CH_4 + O_2 \rightarrow 2\,CO + 4\,H_2 \tag{8.1}$$

もちろん，エネルギー資源として利用できるバイオマスの増産には限度があるのも事実です。地球上の緑色植物の生産量には自ずと限度がありますし，人類は急速に増加する人間自身の食糧を確保する必要もあるからです。

138   8. 未来の資源・エネルギー

また，バイオマスの利用で森林を破壊するようなことがあってはならないこともいうまでもありません。今後のリサイクル社会に適合するものとしては，むしろ次項にあげるバイオマス廃棄物の利用が重要でしょう。

（6）廃棄物の利用

廃棄物といえば，これまでは処分して捨てるということに力点がおかれていましたが，最近では廃棄物をエネルギー資源として再利用するということが考えられています。廃棄物を燃料として利用するものとしては，インドの牛糞の燃料が有名ですが，現在考えられているのは，廃棄物を発酵させ燃料ガスを得ることや，廃棄物を燃焼させて発電を行う廃棄物発電などです。

エネルギー資源として用いることができる廃棄物には，図 8.6 のようなものがあげられます。

```
家庭用廃棄物 ─┬─ 厨芥ゴミ
              └─ 廃プラスチック

排　泄　物 ─┬─ 人間のし尿
            └─ 動物の糞尿

工　場　廃　物 ─┬─ 工場廃液
                └─ 木質系廃棄物
```

図 8.6　エネルギー資源としての廃棄物のいろいろ

これらのうち，厨芥ゴミ，人間のし尿，動物の糞尿はメタン発酵によりメタンを生成し利用するもので，バイオ廃棄物といってもいいでしょう。工場廃液もメタン発酵させメタンを利用するものです。前項で述べたように，このメタンを部分的に酸化して水素を得ることもできます。

廃プラスチックは粉砕して燃料として用いたり，製鉄の際の還元剤として，あるいは乾留して気体燃料として用いることもできます。また，木質系廃棄物（木質バイオマス）は直接燃料として用いられ，発電などにも利用されます。わが国の廃棄物による発電は，2010 年度にはおよそ 500 万 kW の発電量を目途にしており，その有効利用が期待されています。

表 8.2 にこれまで述べたわが国の新エネルギー導入の目標値をまとめました。

表 8.2 新エネルギー導入の目標値

新エネルギーの種類	2010年度目標値
太陽光発電	約 500 万 kW
風力発電	約 30 万 kW
廃棄物発電	約 500 万 kW
天然ガスコージェネレーション	約 455 万 kW
燃料電池	約 220 万 kW
廃棄物燃料製造	約 189 万 kl（石油換算）
廃棄物熱利用	約 14 万 kl（ 〃 ）
温度差エネルギー	約 58 万 kl（ 〃 ）
太陽熱利用	約 450 万 kl（ 〃 ）

◇◇◇◇◇ 8.3 21世紀の生活スタイル―物質文明を超えて―

さて，いよいよ最終節となりましたが，ここでこれまでに述べてきた現代の私たちの文明のかかえる課題を整理してみましょう。

現代の文明は科学技術文明や物質文明と呼ばれるように多くの優れた技術とともに多くの物質を生み出し，人間生活を飛躍的に向上させ便利で快適なものにしました。しかし，その反面，その代償として多くの資源をこの地上から消滅させ，多くの廃棄物を生み出すこととなり，自らの生活環境や自然環境を悪化させました。すなわち，人類は科学技術の発達により物質的に豊かになりましたが，それにともなって生起した環境問題により，自分たちの生活環境や自然環境を悪化させるというジレンマが生まれたのです。

また，現在の私たちの社会はこの科学技術文明を基礎とした安定した生産，流通，販売という成長経済の上に成り立っているといえますが，資源やエネルギーの不足により，その安定した成長経済の維持も難しくなりつつあります。現代の物質文明の課題は大きく分けて，つぎの三つに集約されるでしょう。

1) 年々減少する資源・エネルギーとその枯渇にどう対処するか。
2) 年々増加する廃棄物と地球全体に広がる環境問題にどう対処するか。
3) これまでの安定成長経済をどう維持し発展させていくか。

1) に関しては新エネルギーの開発や省エネとともにリサイクル等の省資源

対策を講じていることをすでに述べました。また，2）の環境問題対策としてはクリーンな新エネルギーの開発やリサイクル，そして資源エネルギーの消費自体を減らすことなどを指摘しました。しかし，それによって経済を縮小させ，3）の安定経済の維持をそこなうようなことがあってはならないのです。

コラム 8A

脱ガソリン自動車

　石油の枯渇や地球環境問題に対応して，ガソリンを燃料としない自動車が模索されています。

　まず，電気自動車ですが，これは排気ガスがなく，環境に優しい乗り物であり，これまでにも身体障害者用のものやソーラーカーなど，小型のものが利用されてきました。しかし，一般用の乗用車としては高額ということもあり，特殊なもの以外はまだ実用化されていません。

　つぎに，天然ガスを用いるものがあります。これはタクシーなどですでにプロパン車として利用されているものですが，一般者向けのものは出ておらず，一般者向けのガス供給スタンドもありません。

　石油に替わる液体燃料を用いるものとしては，従来よりアルコール自動車が考えられてきました。これはアルコールの原料になるさとうきびが豊富に採れるブラジルなどでは，得られたアルコールをガソリンと混ぜてすでに使用しているようですが，最近わが国でもこの種の燃料が開発されつつあります。アルコールエンジンの性能のほどは定かではありませんが，少なくともガソリンエンジンを上回るパワーではないようです。

　最近ようやく実用車として登場したのがハイブリッドカーで，これはガソリンと電気を併用するものです。具体的には，発進時は電気モータ，走行時はガソリンエンジンと電気モータのエネルギー効率の（燃費の）良いほうをコンピュータで選別し，用いるというもので，停止ブレーキをかけたときに発生する熱も電気エネルギーに変え走行に用いることができ，信号などで停車中は電気モータに切り替わるので，騒音も排気ガスもまったく出ないという優れものです。燃費（1 ℓ 当りの走行距離）は普通のガソリン車のおよそ 2 倍の 28 km/ℓ ぐらいで，内容的にはまったく頼もしい限りですが，現在のところ値段が通常車の 2 倍ほどであり，それが欠点といえるでしょう。

　このほかに水素を燃料として用いる燃料電池の自動車も開発されつつあり，わが国ではこのようなクリーンエネルギー自動車を 2010 年には 300〜400 万台程度にまで増やしたいと計画しています。

8.3 21世紀の生活スタイル―物質文明を超えて―

この資源・エネルギーの安定供給，地球環境問題の解消，安定経済の維持・発展というたがいに矛盾するように思われる三つの課題（トリレンマ）をいかに並立させ，調和を図っていくかということが，これからの時代に課せられた大きなテーマといえるでしょう。この3つの課題の関係を図8.7に示しました。

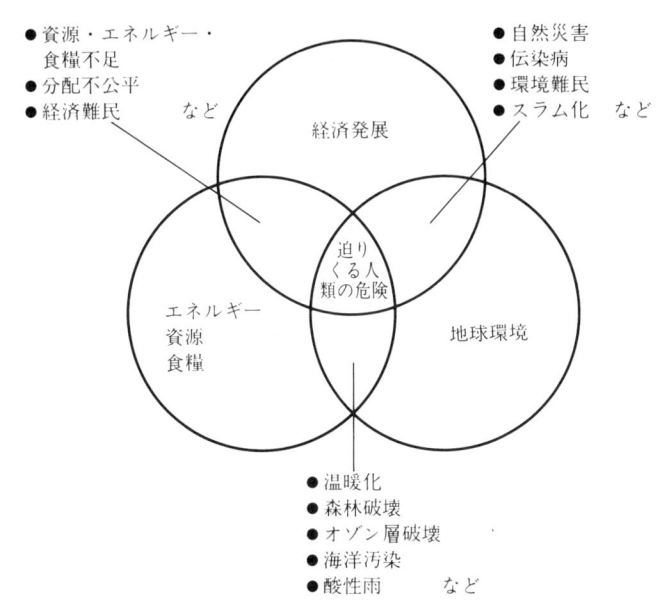

```
●資源・エネルギー・                    ●自然災害
  食糧不足                              ●伝染病
●分配不公平        経済発展              ●環境難民
●経済難民    など                       ●スラム化    など


        エネルギー      迫り
        資源           くる人        地球環境
        食糧           類の危険


                    ●温暖化
                    ●森林破壊
                    ●オゾン層破壊
                    ●海洋汚染
                    ●酸性雨       など
```

図8.7 現代社会のトリレンマの構造
（「百億人時代の地球」より）

資源・エネルギーの消費を減らし，クリーンな新エネルギーを開発して，廃棄物や廃ガスを減らし，地球環境を護りつつ，経済を安定させる，という三つの命題をバランスよく満足させることは可能でしょうか。また，それはどのようにすればいいのでしょうか。

このトリレンマを克服していくためにはこれらを総合的にとらえる視点や新たな技術開発が必要です。そして，人間社会をグローバルにダイナミックにとらえる視座も不可欠でしょう。その視点の一つになると思われるのが，前章で述べた資源や物質の循環という観点であり，そのモデルとなるのが定常平衡系のモデルです。

これは，物質消費のペースに応じて，毎年一定量の資源を採取し，生産・消費に供して，廃棄物の処理・再生を相応に行いながら，物質を循環させ，資源消費による物質廃棄と資源再生・供給のバランスをとることにより，地球上の物質収支を一定の状態（定常平衡状態）に維持するというものです。

経済学者のジョン・スチュワート・ミル（John Stuart Mill）も人間社会の生産活動におけるこの定常状態の重要性を指摘しています。かつての農業社会は基本的にこの形態をとってきたものといえます。前章で述べた循環型社会というのもこの定常状態の社会を目指すものといえるでしょう。

第2章でも述べたように，定常平衡系とは系と外界の間に物質やエネルギーの流れがあって，物質やエネルギーの供給量と排出・処理量が等しく，みかけ上，系の状態が一定に保たれ，時間的に変わることがないような系のことをいいます。このような系は外部と物質やエネルギーを自由にやりとりできる場合（開放系）か，もしくは系内で発生した廃棄物を処理し再び新たな資源物質に変換できる場合，すなわち生態系のような物質循環が系内で成立している場合においてのみ成り立つものです。

すでに述べたように，地球は閉鎖系（厳密には開放系）ですから，前者のような開放系の定常状態の成立は本来無理であって，後者のような系内の物質循環による定常状態をめざさなければならないことになります。

しかし，すでに述べたように，現代の物質文明は，主として非再生的資源の鉱物資源や化石燃料資源を消費することにより成り立つものであるため，生物資源など再生的資源中心のかつての農業社会とは異なり，このような物質循環が基本的に非常に難しくなっています。

しかも，現代社会においては資源消費量そのものがかつての農業社会に比べると格段に大きなものになっており，その範囲もかつての農業社会のように村や町など，ある地域内での物質生産，消費，廃棄を考えればいいというものではなく，生産にはじまり，輸送，販売，消費，廃棄物処理に至るまで，物質収支は特定地域を超えた，より広範囲にわたるものであり，最終的には地球的規模での物質収支を考えなければならなくなっているのです。

8.3 21世紀の生活スタイル―物質文明を超えて―

　そして，地球レベルでみた場合，資源の残存量は年々少なくなる一方であり，廃熱や廃ガス，廃棄物は増加し，その捨て場をなくしつつあります。まさに，地球上の物質収支はその定常状態が崩れつつあるのです。

　これは，自動車に譬えるならば，自動車は一定のガソリンを吸収し廃熱や排気ガスを出すことにより一定の速度で走ることができますが，ガソリン不足になったり，排気筒がつまったりすると，正常な走行ができなくなるようなものです。

　あるいは，現在の地球の物質収支をサラリーマンの生活に譬えれば，サラリーマンは一定の収入で一定の支出をまかない，収支のバランスをとって生活を営みますが，ある日，給料が入らなくなったり，支出が異常に膨らんだりすると，その生活が成り立たなくなるようなものであるともいえるでしょう。

　これに対し，サラリーマンではなく，資産家の息子が仕事もせずに親の財産を食いつぶしていくような生活はもともと定常状態ではありません。この場合は，一見一定の（あるいは華やかな）生活が続いているようであっても，年月とともにだんだんと財産が減っていき，いずれお金が底をつく時期がやって来ます。もちろん，一昔前ならば財産を銀行に預けて利息を稼ぎ，生活を定常状態にするということも考えられましたが，現在のような低金利時代では，それもまず無理ということになります。

　地球が有限な閉鎖系であり，その定常状態の維持の難しさを示したのはK. ボールディングの「宇宙船地球号」という考え方でした。人類が資源を用いて文明を維持しているのは，ちょうどこの「宇宙船地球号」が定常状態を保ち，件のサラリーマンが一定の給料生活を維持しているようなものであると考えられます。

　そうすると，非再生的資源中心で，その資源量にも底がみえてきた現代文明は，さしずめ，この宇宙船地球号の定常状態がくずれ，サラリーマンの給料生活が，だんだんと資産家の息子のような生活に近づきつつあるようなものだということになります。

　現代の化石燃料資源を私たちの時代に与えられた神の（地の）恵みであり，

自分たちで思う存分使えばよいと考える人もいます（おそらく実際そうなるかもしれませんが）。資源は，発見し利用法を考えた人間のものであり，資源量が続く限り，人間は限界までその恩恵にあずかる権利があるという考えです。しかし，これでは上記の資産家の息子の生活と同じであって，やがて資源がなくなれば行き詰まることになります。否，もしかするとそうなる前に宇宙船地球号は環境の悪化で破綻するかもしれません。資産家の息子の場合ならば，肥満や糖尿病で命を落とすことになるかもしれないのです。

確かに，多量の資源を利用し，便利な製品をつくって売ることが，人々に便宜を与えるとともに多くの利潤を生み，経済の活性化，社会の繁栄につながるのは事実で，戦後のわが国の経済の繁栄もそれによりもたらされたものであることは確かでしょう。しかし，ものを大量につくって売れば売るほど，資源がなくなり，大量の廃ガスや廃棄物が発生し，環境が悪化することもまた厳然たる事実なのです。そして，現在まさにこの大量のゴミが地球上にあふれ，地球環境を脅かそうとしているのです。

このまま有限な資源を使い続ければ，資源はやがて枯渇し，資源の使用がもたらす廃ガスや廃棄物で地球の定常状態が崩れ，地球環境が悪化の道をたどることは目に見えています。そして，それにより被害を被るのは，結局，ほかならぬ地球に住む私たち自身であり，私たちの子孫ということになります。

資源や自然環境は，ある特定の時代の人々や，一部の国の人々だけで使ってしまっていいものなのでしょうか。むろんそうではありません。現在の資源問題や環境問題はときを超え，国境を超え，地球全体に，そして未来全体にその影響が及びます。資源や自然環境は地球上のすべての時代のすべての生きとし生けるものの共通の財産であるはずです。それゆえ私たち地球人はそれを大切に使用し，護っていく責務があるのです。

そのためにも，現代社会の物質収支を定常状態に保ち，地球環境を護るために，資源の循環という視点が大切になると思うのです。すなわち，資源は消費し尽くさずに，使った者が可能な限りもとに戻し再利用するというシステム，かつての農業社会や生物社会のような物質循環のシステムを構築する必要があ

8.3 21世紀の生活スタイル―物質文明を超えて―

ると思うのです。このように物質を循環させ有効に再利用し，少しでもごみの量を減らそうというのがリサイクルであるともいえます。

現在，資源の循環（リサイクル）はすでに各地で実行されつつあります。しかしながら，現在のわが国の一般廃棄物のリサイクル率は全体としてみればまだ10％程度であり，社会全体としてのリサイクルシステムもまだまだ発展途上にあるというのが実状です。空き缶や紙のリサイクル率（表7.1）にしても，欧米に比べると決して高い水準にあるとはいえないのが現実なのです。

それでは，このリサイクルはどこまで徹底して行うことが可能なのでしょうか。熱力学的にいえば，生産活動とは低エントロピーの製品を産み出す行為ですが，全体としては生産活動によりエントロピーは必ず増加します（第2章）。リサイクルとはこのような生産によるエントロピーの発生を少しでも抑える行為であると考えられますが，リサイクルにもエネルギーが必要であり，全体としてはエントロピーが発生し，エントロピーは増加するのです。幸い私たちの地球は生成した熱エントロピー（廃熱）を宇宙空間に捨てることができるので，地球内では熱エントロピーの収支をゼロにすることができるのです*。

それでは，エネルギーさえあれば，いくら廃棄物がたまっても100％のリサイクルを行い，リサイクルで廃棄物を再生して物質エントロピーを減少させ資源を無限に利用することも可能なのでしょうか。

これについては興味深い理論があります。結論をいえば，いくらエネルギーがあっても，100％のリサイクルを限られた時間で行い，廃棄物をなくすることは自然科学的にも経済学的にも不可能なのです。それに，リサイクルにはエネルギーもコストもかかり，エネルギーをそのような目的ばかりに使うことが決して経済的に有利でないことも明らかです。このことをいち早く指摘し，警告したのが経済学者のジョージェスク・レーゲン（N. Georgescu-Roegen）**

---

*　地球温暖化はその収支がゼロでない状態といえる。
**　ジョージェスク・レーゲンはもともと統計学者（数学者）であったが，後に経済学者に転身し，従来の市場原理を基礎とする経済学に対し，生命的自然の体系と循環の論理の視点をもとにした生物経済学の構築をめざした。

でした。いま例として**表8.3**に分別収集した資源ごみの再商品化率を示します。ジョージェスク・レーゲンはこのような自らの理論を物質散逸の法則と呼び，熱力学第四法則とまで位置付けています。

表8.3 分別収集した資源ごみの再商品化率

資源ごみの種類	再商品化率〔%〕
無色ガラス	94.1
茶色ガラス	93.4
その他のガラス	90.0
ペットボトル	94.9
スチール缶	97.8
アルミ缶	96.8
紙パック	97.0

しかし，このことはリサイクルの意義を決して否定するものではありません。リサイクルはしないよりもするほうがいいことは明らかですし，私たちは100％のリサイクルは無理だとしても，それを少しでも100％に近づけることはできるはずだからです。

ところで，このようなリサイクルという考えに対し，地球が開放系であるということから，地球上の資源の有限性や環境問題に対する対応策として，新たな資源の供給源やゴミの捨て場を宇宙に求めるという考えもあります。

私たちの地球は宇宙に対し開いた系であり，地球が太陽から光エネルギーを得て，廃熱を宇宙空間に排出（放射）しているように，ほかの天体から有用な資源物質をもち帰って利用し，廃棄物を宇宙空間に捨てるというのも確かに地球を定常状態に保つ一つの方法ではあるでしょう。しかし，そのために要する膨大なエネルギーや予算を考えれば，このような方法は決して有効な方法とはいえないのは明らかです。また，宇宙に捨てたゴミはどうなるのか，という問題も残ります。私たちは人工衛星による太陽エネルギーの利用（前節）などを除けば，資源や環境問題は当面私たちの惑星（地球）内で考えたほうがよさそうです。

それにしても，年々少なくなる資源，また，さまざまの対策を講じても年々増える廃棄物とその処分場や廃棄施設の不足，そして，それによる地球環境の

8.3 21世紀の生活スタイル―物質文明を超えて―

悪化は日に日にその度を増しています．このままでは，将来，資源は枯渇し，行き場を失った廃棄物が地球上の各地にあふれ，大気や水は汚染し，オゾン層は破壊され，気温は上昇して，ダイオキシンなどの汚染物質が地上を覆い尽くすというような日が来るのもそう遠い日の話ではないかもしれません．

「塵も積もれば山となる」という格言がありますが，その格言通り（？），ゴミも時間が経てば山になります．かつて九州にぼた山という山がありましたが，そう遠くない将来，未来都市建設の一方で人類の排出したゴミの山々が各地に出現し，大気汚染でかすむ夕日に照らされたその山並みが，新世紀の新たな風物詩の一つになるかもしれません．実際，香川県の豊島の産業廃棄物の山に立ち，有毒ガスの発生，地下水や海水の汚染などを目の当たりにすると（図5.5），そのような未来の光景を想像することはさほど難しいことではありません．しかし，そんな未来の情景は誰もみたくはないでしょう．

困難な問題ですが，手遅れにならないうちに私たちは直面するこれらの諸課題に全力をあげて取り組み，打開策を講じる必要があります．

また，これに加えて，忘れてならないのは地震や風水災害などの天災，そして人類の引き起こす戦争です．とりわけ戦争は多くの人間の生命を脅かし破壊する行為であるとともに，物質消費の点からいっても，最大の物質消費であり，廃棄物排出行為であり，環境破壊行為です．宇宙船地球号の中で，人類のより永い生存を目指すならば，このような天災による被害は，現代の科学技術を駆使して，最小限にくい止めるよう努力をはらうべきであり，また，なにを差しおいても人為的環境破壊行為である戦争はなんとしてもなくさなければなりません．これも二十一世紀の私たち人類に課せられた大きな課題であり，人類の英知を結集して取り組まなければならない問題でしょう．

第2章でも述べたように，人間を動かす要素にはエンタルピー的なものとエントロピー的なものがあります．これまで私たちの社会は金銭や物質を追い求めて成長してきました．豊かな社会とは物質的に豊かな社会を意味し，私たちは物質やエネルギーの量，すなわちエンタルピー的なものを高めることにおおいなる価値を置いて進んできたように思います．そのため，私たち人類の消費

するエネルギーや資源量は増大し，その排出する廃棄物やエントロピーの量も膨大なものになってしまったといえるのではないでしょうか。

しかし，人間は一方で，真理や美，そして善や正義などの秩序を追求し，社会の整備・充実をめざす側面も有しています。人間は秩序を構築し，それを社会的に生かすことにより大きな喜びと充実感を得ることができます。それはいわば自らの内に存するエントロピーを減少させる行為といえるかもしれません。そして，そのような行動の社会への拡大が社会全体のエントロピーを減少させ，地球環境を正常な状態に戻していくことにつながっていくのではないでしょうか。

これからは物質的な繁栄ばかりでなく，むしろ知識や情報，そして社会秩序の構築を中心に据え，量や大きさや便利さを競い合うのではなく，生きがいや，人道的レベルの高さなど，人間としての質の高さを競い合う時代に移行するべきではないでしょうか。そのことが一人の人間としての真の充実感や豊かな生活にもつながっていくように思われるのです。

もちろん，人間生活には食糧をはじめさまざまの物質や金銭も必要であり，それがなければ文化もありえませんし，人間の生存そのものが成り立たなくなることはいうまでもありません。リサイクルや省エネにしても経済的な採算がとれなければ実際的には機能しませんし，ビジネスとしても成り立ちません。リサイクルや省エネが成り立つような社会の経済的価値体系の再構築も今後重要な課題となってくるでしょう。

また，どうすれば資源消費量や廃棄物・廃ガスの量を減らすことができるのか，その法的な規制とともに，科学的対策としての，その削減法や効率的処理法，また，それら（例えば二酸化炭素）からいかに有効な物質やエネルギーを再生し，創出することができるか，ということも私たちは英知を結集して真剣に研究していく必要があるでしょう。

新しく始まった二十一世紀を，私たちは地球という惑星に住む一人の人間として，どのような世紀にし，どのような社会や環境をつくっていけばいいのでしょうか。このことを一人一人が自らに問いかけながら，考え，行動すること

が今こそ求められているときなのではないかと思います。

　一人の人間のできることは小さいかもしれませんが，一人一人の行動の集積が社会全体の動きとなります。その意味では，未来はまさに私たち一人一人の取組み方いかんにかかっているともいえるのです。

コラム 8B

欲望のコントロール

　科学技術により私たちの生活はたいそう便利になりましたが，その便利さの裏には大量の資源，エネルギーの消費があります。そして，大量の物質消費，エネルギー消費の後には必ず大量のゴミ，大量の廃熱の排出があるのです。私たちはこのゴミや廃熱を適切に処理し，捨てなければなりません。

　考えてみれば，現在のような大量の物質・エネルギー消費は私たちの利便性や快適性の飽くなき追求，欲求から来ているわけであり，それに対応してゴミの量や種類が増大しているともいえるでしょう。

　人間はつねに新しいものを求め，豊かな物質を求めます。進歩，発展のスローガンのもと人類の文明はこれまでひたすら拡大し，向上してきました。しかし，ここにきて人類はこの文明のもたらす副産物（ゴミ）に手をやいています。

　もちろん，そうはいっても人間は一度手に入れた便利なものを手放すようなことはしないでしょう。人間は欲望がなければ生きていくことはできません。食欲，性欲，物欲，名誉欲等々，人間に欲望は必要であり，そこに進歩もあります。しかし，欲望には際限がありません。また，欲望の達成がそのまま幸福につながるものでもないようです。欲望をどこまで大きくしていけばよいかが問題です。ゴミの量が人間の欲望に比例するとすれば，増加の一途をたどるゴミの量を減らすには人間の欲望を小さくしていくしかありません。

　仏教では「少欲知足」として，人間の適度な欲望状態を最も好ましいものと教えています。これは欲望を無理やり抑制し，消滅すべしといっているのではなく，欲望を自在にコントロールできるような自己を陶冶することが重要であるといっているように思われます。

　よくものは豊かになったが，人間性が貧困になった，というようなことがいわれます。先の仏教の言葉は，お金やものによる充足感より，自らの生き方の中に充実感を求めることのほうが重要である，と釈尊がはるか二千数百年前の彼方から訴えているもののように筆者には思われるのです。さて，現代人はこの釈尊のメッセージをどう受けとめるのでしょうか。

このような時代にいまこそその真価が問われてくるのが教育であり，哲学や宗教など人間の生き方の探求です。現在，社会的にさまざまな問題が生起し，報道され，社会倫理や学校教育が行き詰まり，曲がり角にさしかかっているといわれるのも，このような価値観の混迷しつつある時代に，真の人間としての生き方や教育が渇仰されていることの一つの現れといえるかもしれません。

二十一世紀の幕開けは循環型社会元年ともいわれています。これは，私たち人間が自分一代だけでなく世代交代をするように，資源物質にもいわば世代交代（再生）が必要である，という発想であるともいえるでしょう。このような考え方はこれまでの西洋的進歩思想よりも転生輪廻などの思想をもつ東洋思想のほうにむしろ近いものと考えられます。この循環思想そして循環型社会がどのような形で私たちの社会に根を張り成長していくかが今後の私たちの社会の発展を決定づける大きな鍵であるように思います。

もちろん，循環型社会にもさまざまな課題が待ち受けているかもしれません。一国全体や全世界を巻き込んだ循環型社会がはたして成り立つものかどうかもいまのところ未知数です。しかし，私たちの人間社会を維持し，地球環境を維持するためには，このような課題を避けて通るわけにはいきません。むしろこのような困難な課題に果敢に挑戦していくことがいまこそ求められているのではないでしょうか。そして，地道ではありますが，このような永続的な挑戦の姿勢の中にこそ新しい二十一世紀の文明の創造につながる地平が開けてくるように思えるのです。

付　　　録

A1　石油の成因

　石油がどのようにしてできたかについては，現在でも完全に明らかではないが，石油が広く利用されるようになった19世紀半ば以降，多くの学者によっていろいろな成因説が唱えられている。石油の成因説は大きく無機成因説と有機成因説に分けられる。
　無機成因説は石油が無機物の原料から無機的に合成されたとするもので，つぎのようなものがある。
（1）　カーバイド説：地球内部の遊離アルカリ金属が二酸化炭素と反応してカーバイドを生じ，これが重合・縮合して石油を生じたとする説。メンデレーエフ（1877）も鉄カーバイドの存在を仮定して同様の説を立てた。
（2）　火山源説：火山作用により石油が合成されたとするもの。
（3）　宇宙源説：地球発生当時に合成された炭化水素が，地球の凝固とともに，地球内部に包蔵されていたものが地表近くに上昇して石油になったとする説。
　これに対し，有機成因説は動・植物を原料として石油が生成されたとする説で，つぎのようなものがある。
（1）　陸生植物根源説：陸生植物が堆積物中に埋もれて，まず石炭となり，つぎに地下で地熱により乾留されて石油ができたとする説。
（2）　海生動物根源説：海生動物の遺体が発酵し，残った脂肪，ロウなどから地熱・地圧によって石油ができたとする説。
（3）　海生植物根源説：海藻などの海生植物あるいはけい藻を石油の根源物質と考え，その中のロウ分から鉱ロウを生じ，それが適当な温度・圧力によって液状の石油に変化したとする説。
（4）　動植物根源説：動物および植物の両方から石油ができたとする説で，下等藻類，水生動物，花粉，胞子などが水底に堆積し，嫌気性バクテリアの作用によってそれらの中の脂肪，ロウ，樹脂物が腐泥と称されるものに変わり，それが乾留されて石油が生じたとする説。
　無機成因説は石油がふつう海成の堆積物中に存在すること，石油中にはポルフィリンなど生物体にあって無機的に合成されないものがあること，石油が旋光性をもっていること，などの事実から今日では否定されている。

現在では，一般に比較的下等なプランクトンのような海の植物および動物を根源物質として，生物の遺体が沈積してできた有機物（ケロージョン）が嫌気性バクテリアの活動によって石油系炭化水素に近いものに変化し，それに圧力・熱が加わり石油が生成したと考えられている．

A2 自由エネルギーと親和力

本文中にも述べられているように，化学反応（自発的反応）の起こる方向と起こりやすさを表すものとして自由エネルギーがある．定温定圧下での自由エネルギーとしてギブスの自由エネルギーがしばしば用いられる．

$$G = H - TS \tag{A 2.1}$$

このような系の状態変化の方向を定める量を熱力学ポテンシャルという．定温定圧下で自由エネルギーの変化はつぎのように表され，自発的に起こる反応は自由エネルギーが減少するように進行する．

$$dG = dH - TdS < 0 \tag{A 2.2}$$

ここで，dH, dS はそれぞれ反応にともなうエンタルピー，エントロピーの微小変化を表している．いま，反応によるエントロピー変化 dS には，本文中の式 (2.16) に示されるように，系と外界との熱の出入りによるもの（エントロピーの流れ）と系内に新たに生じるもの（エントロピー生成）とがあり

$$dS = dS_e + dS_i \tag{A 2.3}$$

となる．したがって

$$\begin{aligned} dG &= dH - T(dS_e + dS_i) \\ &= dH - TdS_e - TdS_i \end{aligned} \tag{A 2.4}$$

となる．いま

$$dS_e = \frac{dH}{T} \tag{A 2.5}$$

であるから

$$dG = -TdS_i < 0 \tag{A 2.6}$$

$$\therefore dS_i > 0 \tag{A 2.7}$$

すなわち，自発的反応は系内に新たにエントロピーが生成する方向に進行する，ということになる．このエントロピー生成は反応進行度 $d\xi$ によって決まる量であるから

$$TdS_i = Ad\xi > 0 \tag{A 2.8}$$

となるような関数 A を定義することができる．A は自由エネルギー変化の場合と逆に，エントロピーの生成，すなわち反応の進行する場合に正である．この A を親和力あるいは化学親和力と呼ぶ．式 (A 2.8) を De Donder の不等式という．

いま，反応速度を反応進行度を用いて

$$v = \frac{d\xi}{dt} \tag{A 2.9}$$

のように表すことにすると，De Donder の不等式は
$$T\frac{dS_i}{dt} = A\frac{d\xi}{dt} = Av > 0 \tag{A 2.10}$$
となる。すなわち，反応の親和力と反応速度の積はエントロピーの生成速度に温度を乗じたものであり，これが正のときに反応が起こるということになる。

さて，反応が複数個ある場合はどうなるであろうか。親和力を使って表してみよう。いま，k 個の反応があるとすると，反応が起こるためには
$$\Sigma A_k v_k > 0 \tag{A 2.11}$$
が成り立つことが必要である。

例えば，二つの反応があって
$$A_1 > 0, A_2 < 0 \tag{A 2.12}$$
であっても
$$A_1 v_1 + A_2 v_2 > 0 \tag{A 2.13}$$
が成立すれば，二つの反応は同時に起こることになる。すなわち，それのみでは起こりえない方向の反応 2 が，同時に起こる反応 1 によって進行可能となる。このような反応を熱力学的に連結（coupling）しているという。

これを第 2 章の鉄の製錬の場合にあてはめてみよう。コークスの燃焼反応の標準親和力は
$$A_1^\ominus = -\Delta G_1^\ominus = 394.4 \text{ kJ/mol}$$
酸化鉄の還元反応の標準親和力は
$$A_2^\ominus = -\Delta G_2^\ominus = -1\,014.3 \text{ kJ/mol}$$
本文中の式 (2.40) の反応式においては，コークスの燃焼量は酸化鉄の還元量の 5 倍だから，それぞれの標準状態の反応速度を v_1, v_2 とすると，$v_1 = 5\,v_2$ となり
$$\begin{aligned}A_1^\ominus v_1 + A_2^\ominus v_2 &= 394.4 \times 5\,v_2 - 1\,014.3\,v_2 \\ &= 957.7\,v_2 > 0\end{aligned} \tag{A 2.14}$$
で，二つの反応が同時に起こることがわかるのである。

なお，この場合，コークスの燃焼反応のみの場合よりも，酸化鉄の還元反応が起こることにより，エントロピー生成速度は小さくなることがわかる。

A3　光合成と負エントロピー

植物は光合成により二酸化炭素と水から炭水化物のグルコース（$C_6H_{12}O_6$）を合成し，太陽光エネルギーを化学エネルギーに変換する。光合成による物質変化はつぎのような反応式で書くことができる。

$$6\,CO_2 + 6\,H_2O \xrightarrow{\text{太陽光}} C_6H_{12}O_6 + 6\,O_2 \tag{A 3.1}$$

グルコースはさらに結合して重合体のデンプンやセルロース（$(C_6H_{10}O_5)_n$）などの物質になる。つまり，植物は太陽エネルギーを利用して二酸化炭素と水から低エント

ロピーの炭水化物をつくっているわけである。

しかし，式（A 3.1）の反応における反応物質のエンタルピー変化，エントロピー変化は

$\Delta H = 2\,797.8$ kJ/mol > 0 (A 3.2)

$\Delta S = -259.1$ J/(mol·deg) < 0 (A 3.3)

であり，この反応は当然ながら自発的に起こる反応ではない。この反応は植物が太陽光エネルギーを取り入れる開放系であることにより可能となるものなのである。

太陽は地球の表面 $1\,m^2$ 当りに1日およそ $12\,500$ kJ の光エネルギーを注いでいるが，植物はその 1.5% 程度のエネルギーを光合成に用いているといわれている。植物は太陽からこの光エネルギーを受け取ることによってはじめて反応を進行させることができるのである。

シュレジンガーはこの反応が起こることを，太陽光による負のエントロピーの供給によるものと説明した。すなわち，植物は太陽光から光エネルギーの供給を受けることにより，負のエントロピーの供給を受け，エントロピーを下げる反応を起こすことができるとしたのである。

それに対し槌田（1992）は，エントロピーの低下する光合成反応が起こるのは，光合成と同時に起こっている植物からの水の蒸発（蒸散）によるエントロピーの廃棄があるからだと主張した。すなわち，光合成には

$H_2O(l) \rightarrow H_2O(g)$ (A 3.4)

$\Delta H = 44.0$ kJ/mol > 0 (A 3.5)

$\Delta S = 118.8$ J/(deg·mol) > 0 (A 3.6)

のような水の気化反応が必ずともない，それが系全体のエントロピーを増加させ，その水の蒸発により，反応系としての植物は取り込んだ以上のエントロピーを捨ててエントロピーを下げているというのである。

実際，光合成が起こるためには，光合成に使われる水と同程度の水が蒸散に必要とされ，光合成に際して，光合成に使われる水のおよそ23倍の水が蒸散しているといわれている。

しかし，考えてみれば植物の水の蒸散を促しているのも，大きくみれば太陽光エネルギーであるから，結果的には太陽光により水の蒸発や光合成が起こり系の物質エントロピーの低下をもたらしているといってもさしつかえはない。そして，反応により系に流入したエントロピーと系外に流出したエントロピーの差は負となり，シュレジンガーが指摘したように，植物が太陽光から負のエントロピーを受け取ったといういい方も成り立つのである。

このように，生物には外からエネルギーを取り込み，反応に利用して，増加したエントロピーを体外（系外）に捨てる行為があり，それにより生命を維持し，活動を続けることができるのである。

A4 熱力学第四法則

　熱力学に第四法則はないが，非公式に提唱されているものがいくつかある。その一つが経済学者の N.ジョージェスク・レーゲンによる資源劣化の法則である。
　資源はエネルギーを加え加工して製品となる。製品を消費すると廃棄物になり，物質としてエントロピーの大きな状態に変化する。それを再びエントロピーを下げ，資源として再生（リサイクル）したい場合は，新たにエネルギーを必要とする。
　それでは，エネルギーさえあれば資源は何回でも繰り返して再生して，利用できるのであろうか。実は，それは不可能である，というのがジョージェスク・レーゲンの法則である。
　実際，廃棄物から 100% 資源を回収するのは不可能であるし，廃棄物をエントロピーの低い製品に再生するためには，別のところでエネルギーを多量に用い，再生におけるエントロピーの低下分以上のエントロピーを新たに生成させることが必要である。結局，トータルでエントロピーは増加し，資源は全体として散逸し，劣化するのである。
　ジョージェスク・レーゲンはこれを熱力学第二法則のエネルギー散逸の法則と対比させ，自ら物質散逸の法則と呼び，熱力学第四法則と位置付けている。
　もちろん，リサイクルは最初に資源から加工するよりは小さいエネルギー消費，すなわち小さいエントロピーの発生で済むのが原則であるから，リサイクルによりエントロピーの発生速度や資源の劣化速度を押さえることはできる。しかし，やはりエントロピーは時間とともに着実に増加し，資源は確実に劣化するのである。
　ジョージェスク・レーゲンはこのほかに経済成長の永続性，均衡経済（ゼロ成長）の永続性も神話であるとして斥けている。
　ジョージェスク・レーゲンの法則は熱力学第二法則を資源の経済学の分野で表現したものとして評価することはできるが，内容的には熱力学第二法則の範疇を越えるものではない。したがって，自然科学的に独自の法則と位置付けられるものではない。
　熱力学第四法則をあえてあげるとすれば，筆者としてはエントロピー生成速度極小の定理をあげたい。これは複数の反応が同時に起こる場合，定常状態においては，全体としてのエントロピー生成速度が極小値になろうとする，というものであり，これは I.プリゴジンらにより明らかにされた定理である。
　人間が使い古したものを最大限にリサイクルで利用し，ゴミの発生を押さえ，エントロピーの発生を最小限に押さえようとする努力も，このエントロピー生成速度極小の定理に基づいた行動といえるのではないだろうか。
　いずれにしても，現代社会において熱力学第四法則はきわめて重要な意味をもつものといえそうである。

A5 豊島の産業廃棄物不法投棄問題

　瀬戸内海の東方に小説『二十四の瞳』で有名な香川県小豆島の西方3.7kmの海上に豊島（てしま）という面積14.61 km², 人口1500人余りの小さな島がある。漁業や農業，それに石材加工業をおもな産業とするこの島が産業廃棄物の島として一躍有名になったのはいまからおよそ10年ほど前である。

　ことの起こりは，それより10年ほど前にはじまる産業廃棄物の投棄であった。当初，産業廃棄物の汚泥を利用したミミズの養殖という名目で県の許可を受けてはじめたものが，いつの間にかシュレッダーダスト（主として自動車の解体によって生じる廃プラスチック類）や廃油や廃酸，汚泥，鉱滓，紙屑などさまざまの産業廃棄物の大量投棄に変わり，海に近い山林に積み上げられ野焼きされるようになるのである。

　その廃棄物の量は48万トンに達し，その投棄面積は220 000 m²に及ぶ。しかも，それが1990年11月に兵庫県警により産業廃棄物処理法違反として摘発されるまで10年近くにわたって公然と続けられたのである。

　一方，地元の香川県のほうは当初許可を与えたミミズの養殖から明らかに逸脱した廃棄物処理行為をしているにもかかわらず，金属の回収行為としてこれを黙認していた。実際，香川県の廃棄物対策室の担当者はその間数多くの立ち入り検査を行っていたにもかかわらず，なんら有効な行政指導を行っていない。兵庫県警の摘発により，はじめて県はそれまでの見解を変更し，豊島の放置され，焼却される産業廃棄物を不法投棄だと認めたのである。

　当然のことながら，廃棄物処分場とその周辺の土壌や浸出水は汚染され，鉛や水銀，カドミウム，PCB，ヒ素，それにトリクロロエチレン，テトラクロロエチレン等の有害物質が大量に検出された。また，汚染された浸出水中にはBOD（生物化学的酸素要求量）が排水基準の100倍，COD（化学的酸素要求量）が50倍含まれている溜水もあり，pHも8を超えるものがあった。

　そして，廃棄物の層を透過した浸出水は地下水を汚染し，海に流出して周辺海域の汚染にもつながり，実際，巻き貝や磯カニなど付近の海洋生物から高濃度の金属が検出されている。

　また，シュレッダーダストの野焼きにより発生したと思われるダイオキシンが，最も高いものでは廃棄物中に39 ppbという高濃度のものが検出され，水に溶けて海域に流出することも懸念されている。

　また，野焼きにより発生したばい煙の検査では，硫黄酸化物，窒素酸化物，塩化水素，煤塵，カドミウム，水銀などが大気汚染防止法の排出基準の上限に近い値（あるいはそれ以上）の量が検出され，この地域で急速に増加した喘息（ぜんそく）の原因と考えられている。

　このように産業廃棄物が豊島の住民に与えた環境汚染は甚大である。さらに産業廃棄物の島として有名になったことにより，豊島の魚やみかんは売れなくなり，観光客

や釣り客の足も遠退き，島の活性化がさまたげられている。

　つい最近になって，ようやく豊島の廃棄物を隣の直島の製錬所で処理することが香川県議会で決定された。これは大きな前進であるが，一度汚染された土地を原状回復するには莫大な費用と時間がかかり容易なことではない。豊島の未来はまだまだ前途多難である。

　豊島の問題は，いろいろな意味で，これからさらに深刻さを増すであろう廃棄物処分の問題のモデルケースであり，リーディングケースである。このような事件を二度とくり返さないよう，私たちは今後，廃棄物削減，循環型社会の構築など，その対策に真剣に取り組む必要がある。

A6　サンシャイン計画とムーンライト計画

　1974年の石油危機を契機に発足したサンシャイン計画（新エネルギー技術研究開発）はエネルギー多消費型社会に対応した新エネルギー技術の開発と環境問題の解決をテーマとしたもので，その内容は，太陽，地熱，石炭，水素エネルギーの四つのクリーンなエネルギーの利用技術を重点的に研究開発するというものであった。その一つの象徴が1983年香川県仁尾町で開かれた太陽博である。

　サンシャイン計画で研究・開発が進められた太陽，地熱エネルギーは現在もなお自然エネルギーとしてさらなる研究が進められようとしており，自然エネルギーの利用としては，新たにバイオマス，風力，潮汐発電などが加わっている。

　それに対し，同時期に打ち出されたムーンライト計画（省エネルギー技術研究開発）は，エネルギー転換効率の向上，未利用エネルギーの回収，エネルギー供給システムの安定化によるエネルギー利用効率の向上等をテーマとしたエネルギー有効利用を図る技術の研究開発を行うものであった。

　ムーンライト計画の内容は，現在行われているものとして，各種の省エネルギー技術の研究開発を中心として，燃料電池発電技術，ヒートポンプ技術，超電導電力応用技術やセラミックガスタービン等のプロジェクトの推進があり，すでに終了したものとして廃熱利用技術システム，電磁流体（MHD）発電，高効率ガスタービンおよび汎用スターリングエンジンのプロジェクトがある。

　サンシャイン計画が新エネルギーの開発，ムーンライト計画が省エネルギー技術の開発であったのに対し，地球温暖化をはじめとする地球環境問題を解決するための技術が地球環境技術である。このような新エネルギー，省エネルギーおよび地球環境技術の三つの分野の技術開発は従来独立に推進されてきたが，エネルギー利用と地球環境問題は密接な関係にあり，たがいに重なる共通な分野も多いため，それらの有機的連携を図り，総合的な観点から技術開発を進めていくことが重要である。

　このような観点からサンシャイン計画，ムーンライト計画および地球環境技術研究開発の体制を一体化し，持続的成長とエネルギー・環境問題の同時解決をめざして計画されたのが1993年に発足したニューサンシャイン計画（エネルギー・環境領域総

合技術開発推進計画）である。これは，これまでの計画の成果の上に立ち，地球環境問題も視野に入れた総合プロジェクトで，革新的な技術開発が期待されており，現在も進行中である。

A7　資源・環境問題と宇宙

　本文中にも記したが，地球の資源の有限性や環境問題を解消する考え方として，資源消費の削減や新たな資源開発，廃棄物の削減・有効利用ということのほかに，もう一つの考え方として，新たな資源の供給源やゴミの捨て場を宇宙に求めるというのがある。

　私たちの地球は宇宙に対し開いた系であり（第2章参照），地球が太陽から光エネルギーを得て，廃熱を宇宙空間に排出（放射）しているように，ほかの天体から有用な物質を持ち帰って利用し，廃棄物を宇宙空間に捨てるというのも，確かに地球を定常状態に保つ一つの方策ではある。しかし，そのために要する膨大なエネルギーと予算を考えれば，これはあまり現実的な方法とはいえない。

　そもそも，宇宙というのは開いた系なのか，閉じた系なのか？現在の宇宙は膨張しているといわれているが，宇宙とは私たちを取り巻くすべての物質や空間をさすものであるとすれば，物質やエネルギーの変化や移動もすべてその中でのことであるから，宇宙は全体としては閉じた系（孤立系）であり，有限系ということになる。宇宙が閉じた系であれば，資源・環境問題については宇宙でもやがて地球と同じ運命が待ちうけていることになる。

　それに対し，宇宙にはじまりのあるとする現在のビッグバン宇宙（膨張宇宙）では，宇宙は現在高速度で膨張を続けており，開いたものであることを主張しているが，宇宙の物質やエネルギーは莫大であり計測不可能であって，実質的には宇宙は無限であるという考え方もある。宇宙が無限であるとするならば，宇宙が閉じた系であろうと開いた系であろうと，あまり意味がないともいえるが，資源やエネルギーが無限に得られ，ごみの捨て場も十分に得られる可能性はでてくる。

　現在のところ，宇宙は有限なのか無限なのかはよくわかっていない。これは私見であるが，宇宙が有限であるか無限であるかは，私たちの生命や文明が永続的に存続できるか否かという問題とどこかで結びついているようにも思われる。この点については今後，天体物理学や宇宙物理学などの研究成果ともあわせて明らかにされていくことであろう。

　もしかすると，この宇宙には私たちと同じように，生産活動を行い資源問題や環境問題に悩む天体があまた存在するのかもしれない。そのときは，現在の地球環境問題は宇宙環境問題ということになるが，そうなると資源問題も環境問題も地球だけでなく，宇宙全体で力を合わせて取り組まなければならない課題となる。

引用・参考文献

1) 阿部寛治：概説地球環境問題，東京大学出版会（1998）
2) 安藤淳平：環境とエネルギー―21世紀への対策―，東京化学同人（1995）
3) 飯山敏道：地球鉱物資源入門，東京大学出版会（1998）
4) 石井弘光：環境税とは何か，岩波書店（1999）
5) 臼井　朗・古宇田亮一：未来資源，エネルギー資源ハンドブック，第II部4編5章，オーム社（1996）
6) 内嶋善兵衛他：人類と地球環境，建帛社（1996）
7) 太田時男：新・エネルギー論，日本放送出版協会（1979）
8) 太田時男：環境にやさしい新エネルギーの開発，同文書院（1994）
9) ガス，スミス，ウィルソン編（竹内　均訳）：地球の探求 I II，みすず書房（1975）
10) 河宮信郎：必然の選択 地球環境と工業社会，海鳴社（1995）
11) 河村　武・岩城英夫：環境科学I「自然科学系」，朝倉書店（1988）
12) 北野　康：地球環境の化学，裳華房（1984）
13) 酒井伸一：ゴミと化学物質，岩波書店（1998）
14) 佐々木昭編：地球の資源／地表の開発，岩波書店（1979）
15) 佐々木信行・綿抜邦彦：天然無機化合物―鉱物の世界―，裳華房（1995）
16) 鹿園直建：地球システム科学入門，東京大学出版会（1992）
17) 鹿園直建：地球システムの化学，東京大学出版会（1997）
18) 資源エネルギー庁監修：資源エネルギーデータ集，電力新報社（1997）
19) 資源エネルギー庁監修：資源エネルギー年鑑，通産資料調査会（1999）
20) N.ジョージェスク・レーゲン（高橋正立・神里　公他訳）：エントロピー法則と経済過程，みすず書房（1993）
21) 杉本大一郎：エントロピー入門，中央公論社（1985）
22) B.J.スキンナー（日下部実訳）：地球資源学入門，共立出版（1982）
23) 妹尾　学：不可逆過程の熱力学序論 第2版，東京化学同人（1983）

24) 通産省工業技術院資源環境技術総合研究所：地球環境・エネルギー最前線，森北出版（1996）
25) 槌田　敦：資源物理学入門，日本放送出版協会（1982）
26) 槌田　敦：熱学外論―生命・環境を含む開放系の熱理論―，朝倉書店（1992）
27) 冨永博夫・櫻井　宏・白田利勝：資源の化学，大日本図書（1987）
28) J.ネーゲンダンク（松井孝典他訳）：身近な地球科学 宇宙船「地球号」を探る，講談社（1980）
29) 半谷高久編：地球化学入門，丸善（1988）
30) 笛木和雄・向坊　隆・吉沢四郎：資源・エネルギーの化学，岩波書店（1980）
31) Prigogine, I. and Defay, R.（妹尾　学訳）：化学熱力学，みすず書房（1966）
32) 豊　遙秋・青木正博：鉱物・岩石，保育社（1996）
33) K.ボールディング（公文俊平訳）：経済学を越えて 改訂版，学習研究社（1975）
34) 松本　良・渡部芳夫・佐藤幹夫他：海洋のガスハイドレートの分布と産状―ODP Leg 164 ブレークリッジ掘削の成果―，地質学雑誌，**102**，pp. 932-944（1996）
35) 湊　秀雄：地球人の環境，東京大学出版会（1977）
36) 向坊　隆・青木昌治・関根泰次：エネルギー論，岩波書店（1976）
37) 山口梅太郎：現代資源論―鉱物資源とその開発―，日本放送出版協会（1986）
38) 山地憲治・藤井康正：グローバルエネルギー戦略：地球環境時代の21世紀シナリオ，電力新報社（1995）
39) 湯原浩三：大地のエネルギー 地熱，古今書院（1992）
40) J.リフキン（竹内　均訳）：エントロピーの法則，祥伝社（1982）
41) 綿抜邦彦監修：病める地球をどう救うか，共立出版（1989）
42) 綿抜邦彦編：100億人時代の地球，農林統計協会（1998）
43) 今井秀喜・武内寿久禰・藤本良規編：鉱物工学―その現状と課題―，朝倉書店（1976）
44) D. H. メドウズ，D. L. メドウズ他（大来佐武郎監訳）：成長の限界，ダイヤモンド社（1972）
45) 資源エネルギー庁監修：省エネルギー総覧，通産資料調査会（2000）

索　　　引

【あ】

遊　び	22
亜硫酸ガス	40

【い】

硫　黄	53
硫黄酸化物	40, 60
異常気象	94, 99
一次エネルギー	56
一般廃棄物	85
遺伝子資源	9

【う】

宇宙資源	9
宇宙船地球号	143
宇宙の元素存在度	7

【え】

液化石油ガス	61
液化天然ガス	61
エネルギー効率	114
エネルギー資源	8
エルニーニョ現象	122
エントロピー	13, 14, 19
──増大の法則	29
──の生成	27
──の流れ	19

【お】

オイルサンド	62
オイルシェール	62
黄鉄鉱	38
黄銅鉱	40
オゾン層破壊	94, 100
温室効果	97
温室効果ガス	98

【か】

外　界	15
海底鉱物資源	9
海底熱水鉱床	130
開放系	15
海洋汚染	94
海洋鉱物資源	9
海洋資源	9
海洋生物資源	9
化学エネルギー	14
核	3
核エネルギー	14
拡散能力	36
核燃料サイクル	71
核燃料資源	56
核融合	73
可採年数	57
化石燃料資源	8
ガソリンエンジン	75
可燃ゴミ	119
カルノーサイクル	28
環境資源	9
環境税	99
環境ホルモン	100
還元剤	34
還元反応	33
観光資源	9
岩石圏	2

【き】

気　圏	2
輝銅鉱	40
希土類	47
ギブス	21
──の自由エネルギー	21
金属鉱物資源	8

【く】

孔雀石	40
駆動力	19
クラウジウスの原理	29
クラウジウスの不等式	26
クラーク数	5
黒い黄金	59
黒いダイヤ	61

【け】

系	14
ケイ酸塩	2, 37
ケイ酸塩鉱物	37
ケイ砂	51
ケイ石	51
ケイニッケル石	44
ケロージェン	58
原子力資源	9
原子力発電	70
元素鉱物	37
元素の合成	7
元素の存在度	4
元素の分配	4
原料資源	8

【こ】

高エントロピー資源	35
高級エネルギー	36
コークス	32
鉱床	6
合成化学製品	76
鉱　石	6

162　索　　　　引

構造的自由度	20	
高速増殖炉	71	
鉱　物	2	
鉱物資源	1, 37	
効　率	29	
枯渇性資源	10	
黒銅鉱	40	
コバルトリッチマンガン		
クラスト	130	
孤立系	15	

【さ】

採掘量	11
再資源化	10
再使用	116
再生紙	118
再生的資源	10
再生利用	116
砂漠化	94
酸化鉱物	37
酸化物	2, 37
産業廃棄物	85
酸性雨	94

【し】

資　源	1
資源ゴミ	119
資源循環型社会	127
資源の循環	144
資源劣化の法則	155
自浄能力	91
自然エネルギー	8
磁鉄鉱	31, 38
赤銅鉱	40
自由エネルギー	19
狩猟時代	74
ジュール	17
循環型社会形成推進基本法	
	127
省エネルギー	108
常温核融合反応	73
硝　石	53
状態量	13

鍾乳洞	15
蒸発岩	54
情報資源	9
食糧資源	9
ジョージェスク・レーゲン	
	145
ジョン・スチュワート・	
ミル	142
磁硫鉄鉱	31, 38
白いダイヤ	55
人工物質	1
人道的レベルの高さ	148
人力資源	9
森林資源	9
森林破壊	94
親和力	22

【す】

水　圏	2
水酸化鉱物	37
水酸化物	37
水産資源	9
水　素	136
水力エネルギー	66

【せ】

生化学資源	9
生成熱	20
生成物	17
生物圏	2
生物サイクル	124
生物資源	9
製　錬	34
精　錬	40
石　炭	59
赤鉄鉱	38
石　油	57
──の成因	151
石油化学工業	74
石油換算トン	72
石油危機	57
石油20年説	92
石灰石	49

戦　争	147
全体系	27

【そ】

粗大ゴミ	119

【た】

第1種永久機関	18
ダイオキシン	104
代謝反応	15
第2種永久機関	29
太陽エネルギー	64
太陽光発電システム	134
大量生産システム	74
炭酸塩	37
炭酸塩鉱物	37
炭素税	99
炭素の循環	121
単　体	37

【ち】

地　殻	2
地下資源	8
地　金	42
地球温暖化	94
地球環境問題	94
チタン鉄鉱	43
秩序構造	24
窒素酸化物	60
地熱エネルギー	8, 69
地熱発電	134
チムニー	130
チャレンジャー号	129
超塩基性岩	3
潮汐エネルギー	68
ちり紙交換業	115

【て】

低エントロピー資源	35
低級エネルギー	36
定常開放系	16
定常状態	16
定常平衡系	141

索　引

ディーゼルエンジン　75
敵対的共生関係　124
豊島　85, 156
転移層　4
電気エネルギー　14
天災　147
電子メール　119
天然　1
天然ガス　61
天然ガス包接化合物　132
天然資源　8
天然物質　1
電力資源　9

【と】

同位体　70
特定家庭用機器再商品化法
　（家電リサイクル法）120
都市型気候　110
閉じた系　15
トタン板　42
トムソンの原理　29
トリレンマ　141
ドロマイト　50

【な】

内部エネルギー　17

【に】

二酸化炭素の暴走　100
二次エネルギー　56

【ね】

熱エネルギー　14
熱エントロピー　27, 146
熱化学方程式　30
熱機関　18
熱の仕事当量　18
熱力学第三法則　35
熱力学第二法則　14, 19
熱力学第四法則　146, 155
熱力学の第一法則　17
熱力学ポテンシャル　19

粘土鉱物　49

【の】

農耕定住生活　75
濃集度　12

【は】

バイオマス　63, 137
バイオマス資源　8, 9
廃棄物収容能力　91
廃棄物の利用　138
廃品回収業　115
ハンダ　42
斑銅鉱　40
反応熱　17
反応物　17

【ひ】

日傘効果　98
光エネルギー　14
非枯渇性資源　10
非再生的資源　10
ヒートアイランド　110
非補償熱　27
標準エンタルピー　20
標準エントロピー　20
開いた系　15
品位　11

【ふ】

風力エネルギー　67
風力発電　135
不可逆変化　29
物質エントロピー　20
物質散逸の法則　146, 155
物質の三態　2
物質文明　1
沸石　52
不燃（破砕）ゴミ　119
ブリキ　42
フリーマーケット　115
フルオロカーボン　103
プルサーマル方式　73

プレートテクトニクス
　125
フロンガス　103
分別収集　119

【へ】

平衡状態　15
閉鎖系　15
ヘスの法則　33
ヘルムホルツ　17
返本率　119

【ほ】

方鉛鉱　42
放射性核種の壊変　69
放射性廃棄物　71
ボーキサイト　43
ボランティア　23
ボールディング　34, 143

【ま】

マイカーブーム　109
埋蔵量　11
マイヤー　17
マンガン団塊　128
マントル　2

【み】

水資源　9
水のいのち　122
水の循環　121

【む，め】

無秩序構造　24
メタンガス　99

【ゆ】

有効エネルギー　21, 30

【よ】

容器包装リサイクル法
　119
余剰電力　111

【ら】

藍銅鉱　　　　　　　　40

【り】

力学的エネルギー　　　14
リサイクル　　　　10,114
リサイクルショップ　115
リサイクル率　　　　118

リターナブルビン　　116
硫化鉱物　　　　　　37
硫化物　　　　　　2,37
硫酸塩鉱物　　　　　37
硫鉄ニッケル鉱　　　44
リン鉱　　　　　　　52

【る】

ルチル　　　　　　　43

【れ】

レアメタル　　　　　44
連　結　　　　　　　34

【ろ】

労　働　　　　　　　22
労働資源　　　　　　9
ローマクラブ　　　　92

―― 著者略歴 ――

1975 年　東京大学理学部地学科卒業
1981 年　東京大学大学院理学系研究科博士課程修了（鉱物学専攻）
　　　　 理学博士（東京大学）
1982 年　日本大学非常勤講師（文理学部）
1984 年　香川大学助手（教育学部）
1985 年　香川大学講師
1986 年　香川大学助教授
2002 年　香川大学教授
　　　　 現在に至る

資源論入門 ―地球環境の未来を考える―
Introduction to Resource Science
― Resources and Environments in the Earth ―

　　　　　　　　　　　　　　　　　　Ⓒ Nobuyuki Sasaki　2001

2001 年 3 月 22 日　初版第 1 刷発行
2014 年 3 月 30 日　初版第 4 刷発行

|検印省略|

著　　者　佐々木　信　行
発 行 者　株式会社　コロナ社
　　　　　代 表 者　牛来真也
印 刷 所　新日本印刷株式会社

112-0011　東京都文京区千石 4-46-10
発行所　株式会社　コロナ社
CORONA PUBLISHING CO., LTD.
Tokyo　Japan
振替 00140-8-14844・電話 (03) 3941-3131 (代)
ホームページ http://www.coronasha.co.jp

ISBN978-4-339-06598-5　　（宮尾）　　（製本：愛千製本所）
Printed in Japan

本書のコピー，スキャン，デジタル化等の無断複製・転載は著作権法上での例外を除き禁じられております。購入者以外の第三者による本書の電子データ化及び電子書籍化は，いかなる場合も認めておりません。

落丁・乱丁本はお取替えいたします

技術英語・学術論文書き方関連書籍

技術レポート作成と発表の基礎技法
野中謙一郎・渡邉力夫・島野健仁郎・京相雅樹・白木尚人 共著
A5／160頁／本体2,000円／並製

マスターしておきたい 技術英語の基本
Richard Cowell・佘 錦華 共著
A5／190頁／本体2,400円／並製

科学英語の書き方とプレゼンテーション
日本機械学会 編／石田幸男 編著
A5／184頁／本体2,200円／並製

続 科学英語の書き方とプレゼンテーション
－スライド・スピーチ・メールの実際－
日本機械学会 編／石田幸男 編著
A5／176頁／本体2,200円／並製

いざ国際舞台へ！
理工系英語論文と口頭発表の実際
富山真知子・富山 健 共著
A5／176頁／本体2,200円／並製

知的な科学・技術文章の書き方
－実験リポート作成から学術論文構築まで－
中島利勝・塚本真也 共著
A5／244頁／本体1,900円／並製

日本工学教育協会賞
（著作賞）受賞

知的な科学・技術文章の徹底演習
塚本真也 著
工学教育賞（日本工学教育協会）受賞
A5／206頁／本体1,800円／並製

科学技術英語論文の徹底添削
－ライティングレベルに対応した添削指導－
絹川麻理・塚本真也 共著
A5／200頁／本体2,400円／並製

定価は本体価格+税です。
定価は変更されることがありますのでご了承下さい。

図書目録進呈◆

エコトピア科学シリーズ

■名古屋大学エコトピア科学研究所 編　　　（各巻A5判）
■編集委員長　高井　治
■編集委員　田原　譲・長崎正雅・楠　美智子・余語利信・内山知実

配本順			頁	本体
1.（1回）	エコトピア科学概論 ― 持続可能な環境調和型社会実現のために ―	田原　譲他著	208	2800円
2.	環境調和型社会のためのエネルギー科学	長崎正雅他著		
3.	環境調和型社会のための環境科学	楠　美智子他著		
4.	環境調和型社会のためのナノ材料科学	余語利信他著		
5.	環境調和型社会のための情報・通信科学	内山知実他著		

シリーズ　21世紀のエネルギー

■日本エネルギー学会編　　　（各巻A5判）

			頁	本体
1.	21世紀が危ない ― 環境問題とエネルギー ―	小島紀徳著	144	1700円
2.	エネルギーと国の役割 ― 地球温暖化時代の税制を考える ―	十市・小川 佐川 共著	154	1700円
3.	風と太陽と海 ― さわやかな自然エネルギー ―	牛山　泉他著	158	1900円
4.	物質文明を超えて ― 資源・環境革命の21世紀 ―	佐伯康治著	168	2000円
5.	Cの科学と技術 ― 炭素材料の不思議 ―	白石・大谷 京谷・山田 共著	148	1700円
6.	ごみゼロ社会は実現できるか	行本・西 立田 共著	142	1700円
7.	太陽の恵みバイオマス ― CO_2を出さないこれからのエネルギー ―	松村幸彦著	156	1800円
8.	石油資源の行方 ― 石油資源はあとどれくらいあるのか ―	JOGMEC調査部編	188	2300円
9.	原子力の過去・現在・未来 ― 原子力の復権はあるか ―	山地憲治著	170	2000円
10.	太陽熱発電・燃料化技術 ― 太陽熱から電力・燃料をつくる ―	吉田・児玉 郷右近 共著	174	2200円
11.	「エネルギー学」への招待 ― 持続可能な発展に向けて ―	内山洋司編著	176	2200円

以下続刊

21世紀の太陽電池技術	荒川裕則著	キャパシタ ― これからの「電池ではない電池」―　直井・石川・白石共著
マルチガス削減 ― エネルギー起源CO_2以外の温暖化要因を含めた総合対策 ―	黒沢敦志著	バイオマスタウンとバイオマス利用設備100　森塚・山本・吉田共著
新しいバイオ固形燃料 ― バイオコークス ―	井田民男著	

定価は本体価格＋税です。
定価は変更されることがありますのでご了承下さい。

図書目録進呈◆

環境・都市システム系教科書シリーズ

(各巻A5判，14.のみB5判)

■編集委員長　澤　孝平
■幹　　　事　角田　忍
■編集委員　　荻野　弘・奥村充司・川合　茂
　　　　　　　嵯峨　晃・西澤辰男

配本順			著者	頁	本体
1.	(16回)	シビルエンジニアリングの第一歩	澤　孝平・嵯峨　晃 川合　茂・角田　忍 荻野　弘・奥村充司 共著 西澤辰男	176	2300円
2.	(1回)	コンクリート構造	角田　忍 竹村　和夫 共著	186	2200円
3.	(2回)	土　質　工　学	赤木知之・吉村優治 上　俊二・小堀慈久 共著 伊東　孝	238	2800円
4.	(3回)	構　造　力　学　I	嵯峨　晃・武田八郎 原　隆・勇　秀憲 共著	244	3000円
5.	(7回)	構　造　力　学　II	嵯峨　晃・武田八郎 原　隆・勇　秀憲 共著	192	2300円
6.	(4回)	河　川　工　学	川合　茂・和田　清 神田佳一・鈴木正人 共著	208	2500円
7.	(5回)	水　　理　　学	日下部重幸・檀　和秀 湯城豊勝 共著	200	2600円
8.	(6回)	建　設　材　料	中嶋清実・角田　忍 菅原　隆 共著	190	2300円
9.	(8回)	海　岸　工　学	平山秀夫・辻本剛三 島田富美男・本田尚正 共著	204	2500円
10.	(9回)	施　工　管　理　学	友久誠司 竹下治之 共著	240	2900円
11.	(10回)	測　量　学　I	堤　　隆 著	182	2300円
12.	(12回)	測　量　学　II	岡林　巧・堤　　隆 山田貴浩 共著	214	2800円
13.	(11回)	景観デザイン ─総合的な空間のデザインをめざして─	市坪　誠・小川総一郎 谷平　考・砂本文彦 共著 溝上裕二	222	2900円
14.	(13回)	情　報　処　理　入　門	西澤辰男・長岡健一 廣瀬康之・豊田　剛 共著	168	2600円
15.	(14回)	鋼　構　造　学	原　　隆・山口隆司 北原武嗣・和多田康男 共著	224	2800円
16.	(15回)	都　市　計　画	平田登基男・亀野辰三 宮腰和弘・武井幸久 共著 内田一平	204	2500円
17.	(17回)	環　境　衛　生　工　学	奥村充司 大久保孝樹 共著	238	3000円
18.	(18回)	交　通　シ　ス　テ　ム　工　学	大橋健一・柳澤吉保 髙岸節夫・佐々木恵一 日野　智・折田仁典 共著 宮腰和弘・西澤辰男	224	2800円
19.	(19回)	建　設　シ　ス　テ　ム　計　画	大橋健一・荻野　弘 西澤辰男・柳澤吉保 鈴木正人・伊藤　雅 共著 野田宏治・石内鉄平	240	3000円
20.	(20回)	防　災　工　学	渕田邦彦・疋田　誠 檀　和秀・吉村優治 共著 塩野計司	240	3000円
21.		環　境　生　態　工　学	渡部守義 宇野宏司 共著		

定価は本体価格+税です。
定価は変更されることがありますのでご了承下さい。

図書目録進呈◆